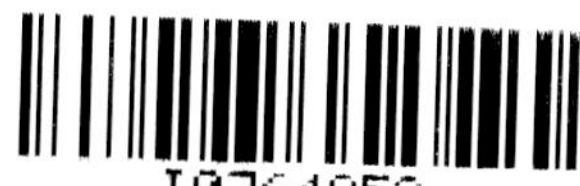

# CUTE ZOO ANIMALS

## FOR TODDLER
## COLORING BOOK

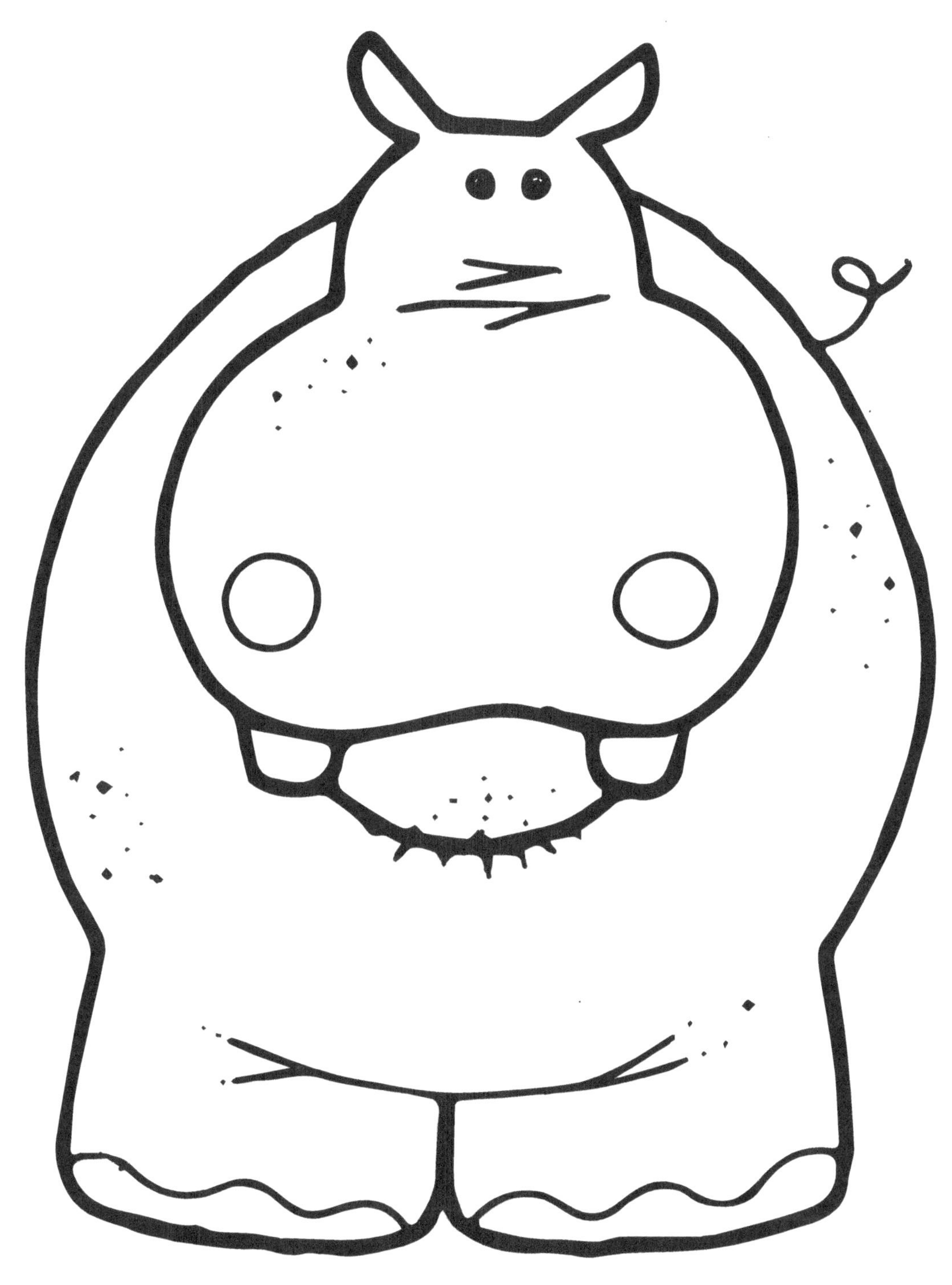

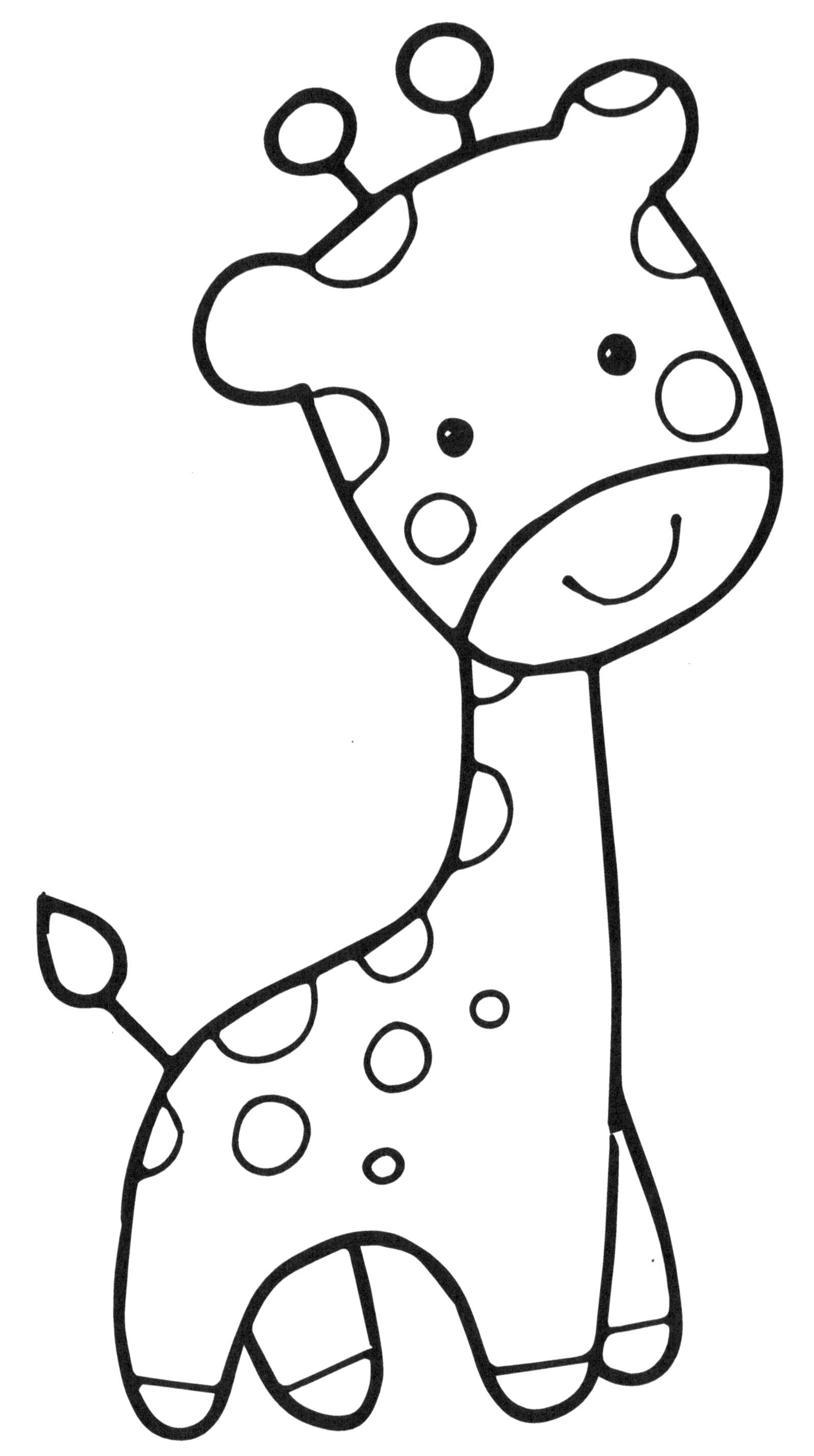

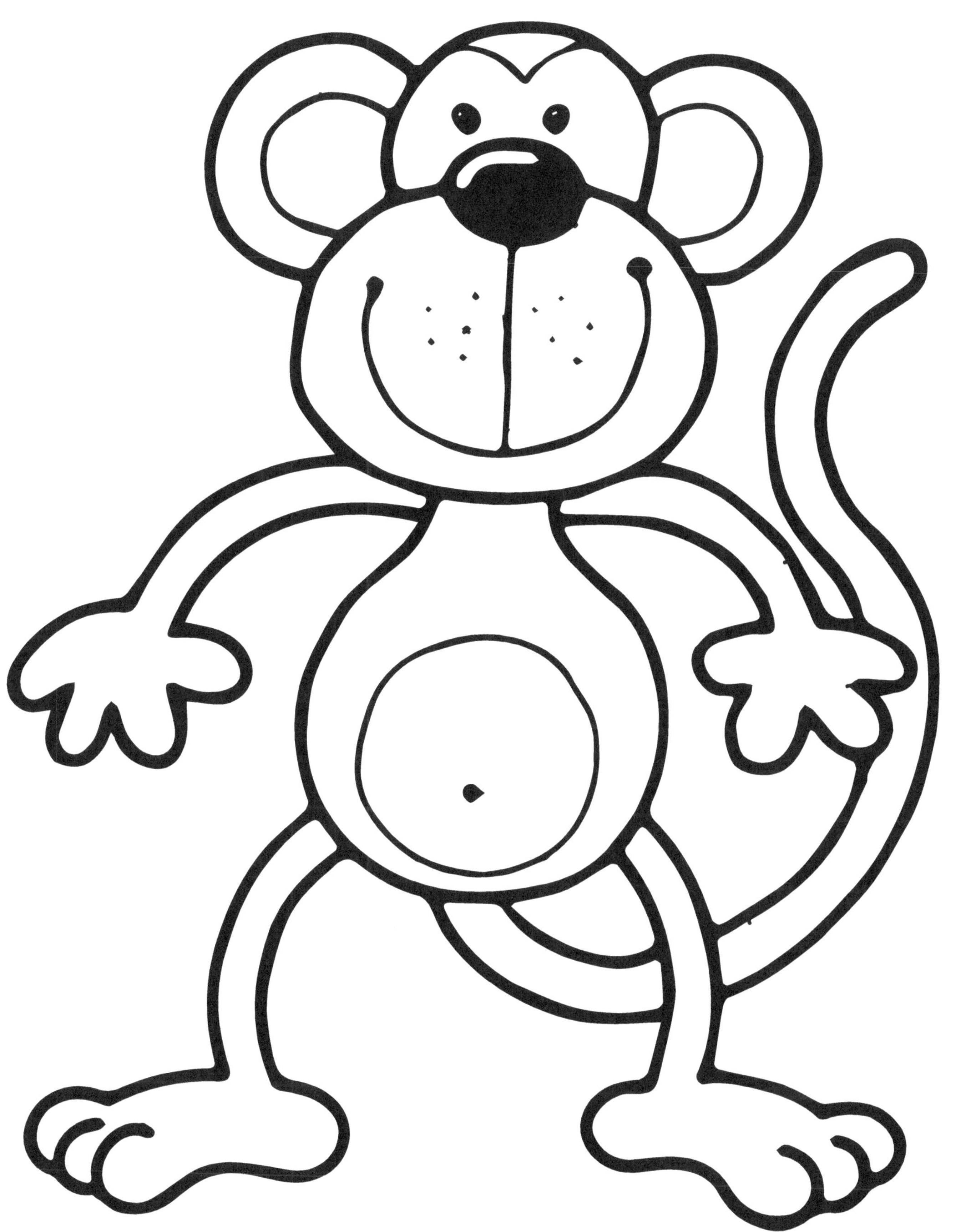

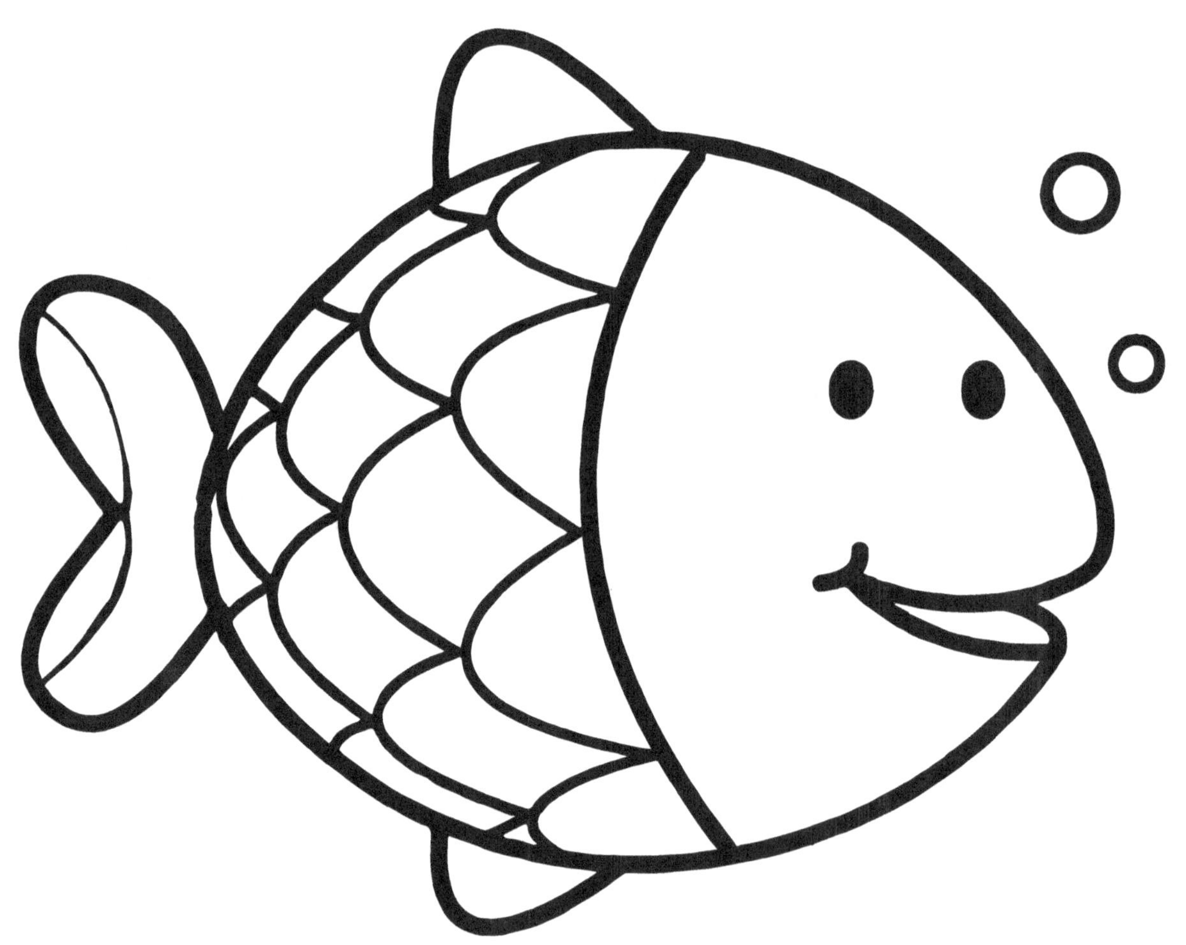

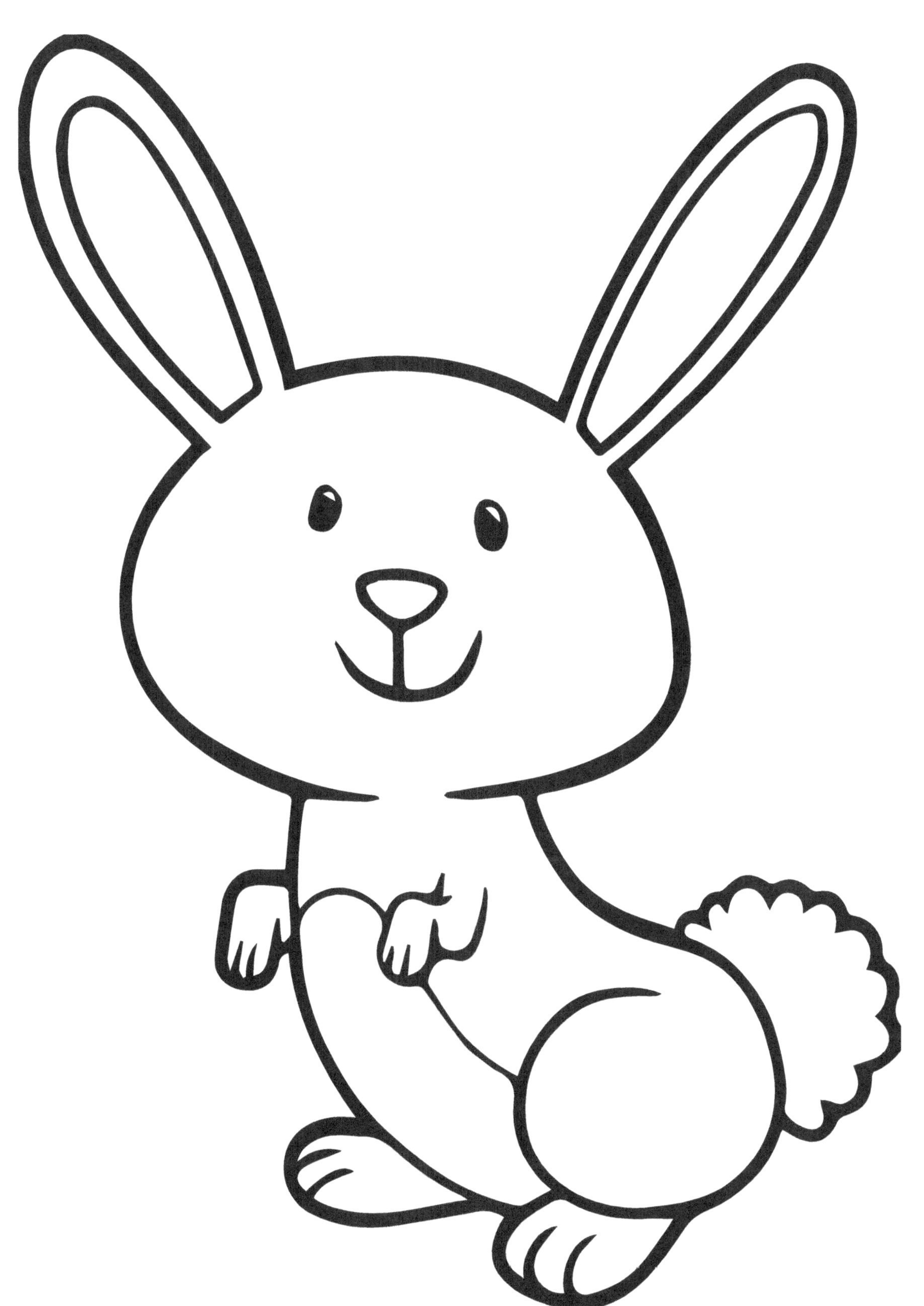

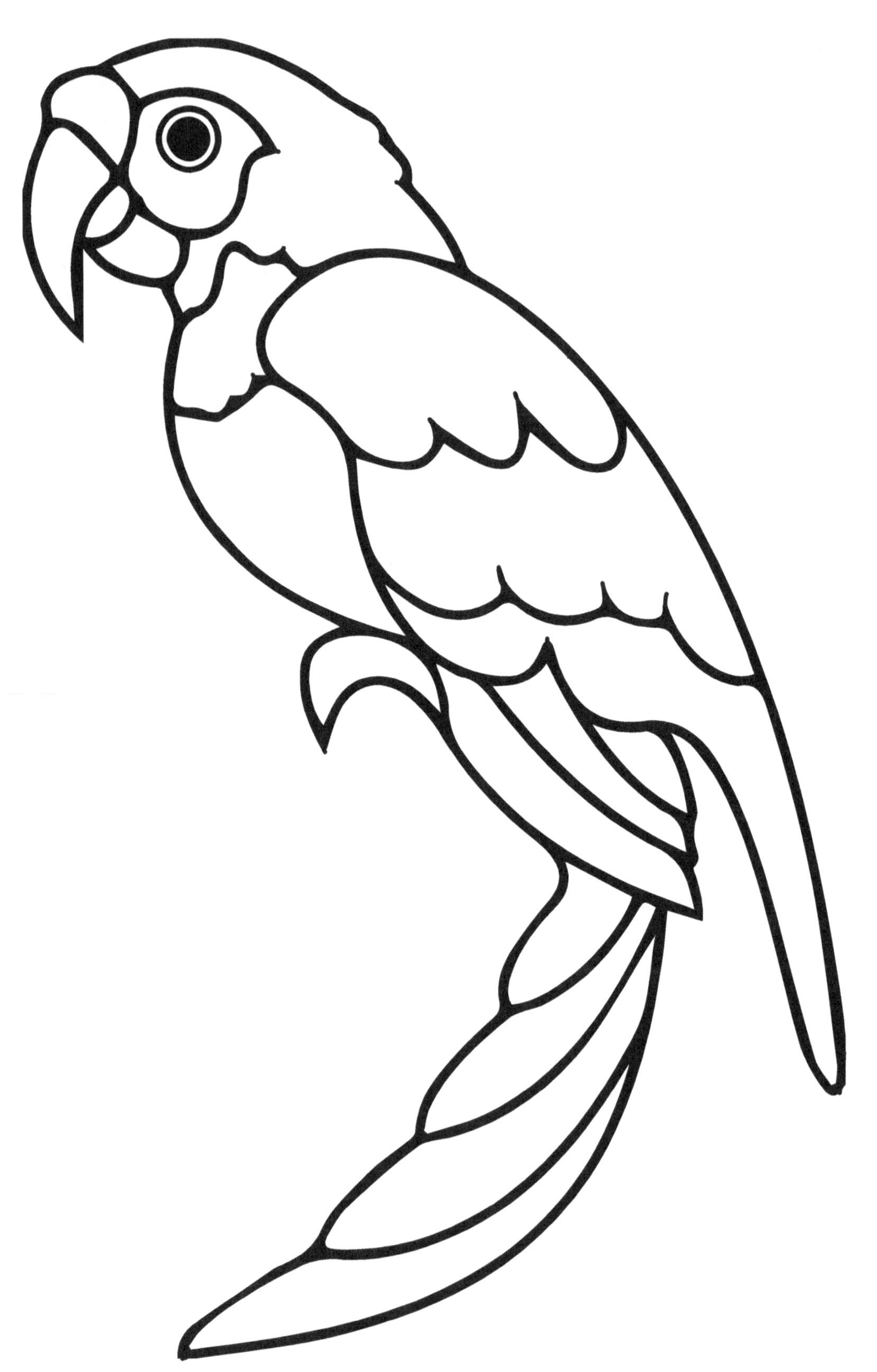

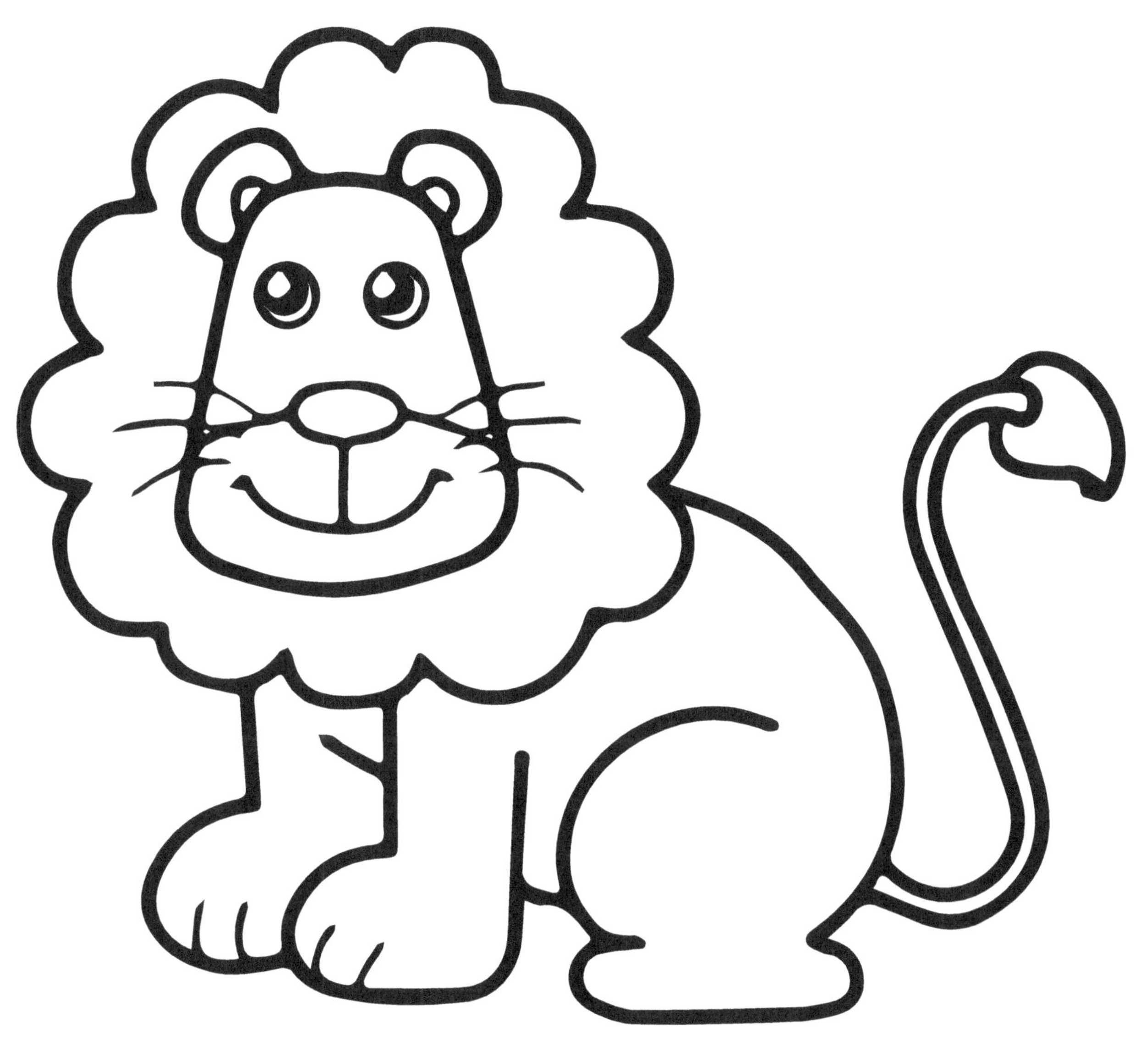

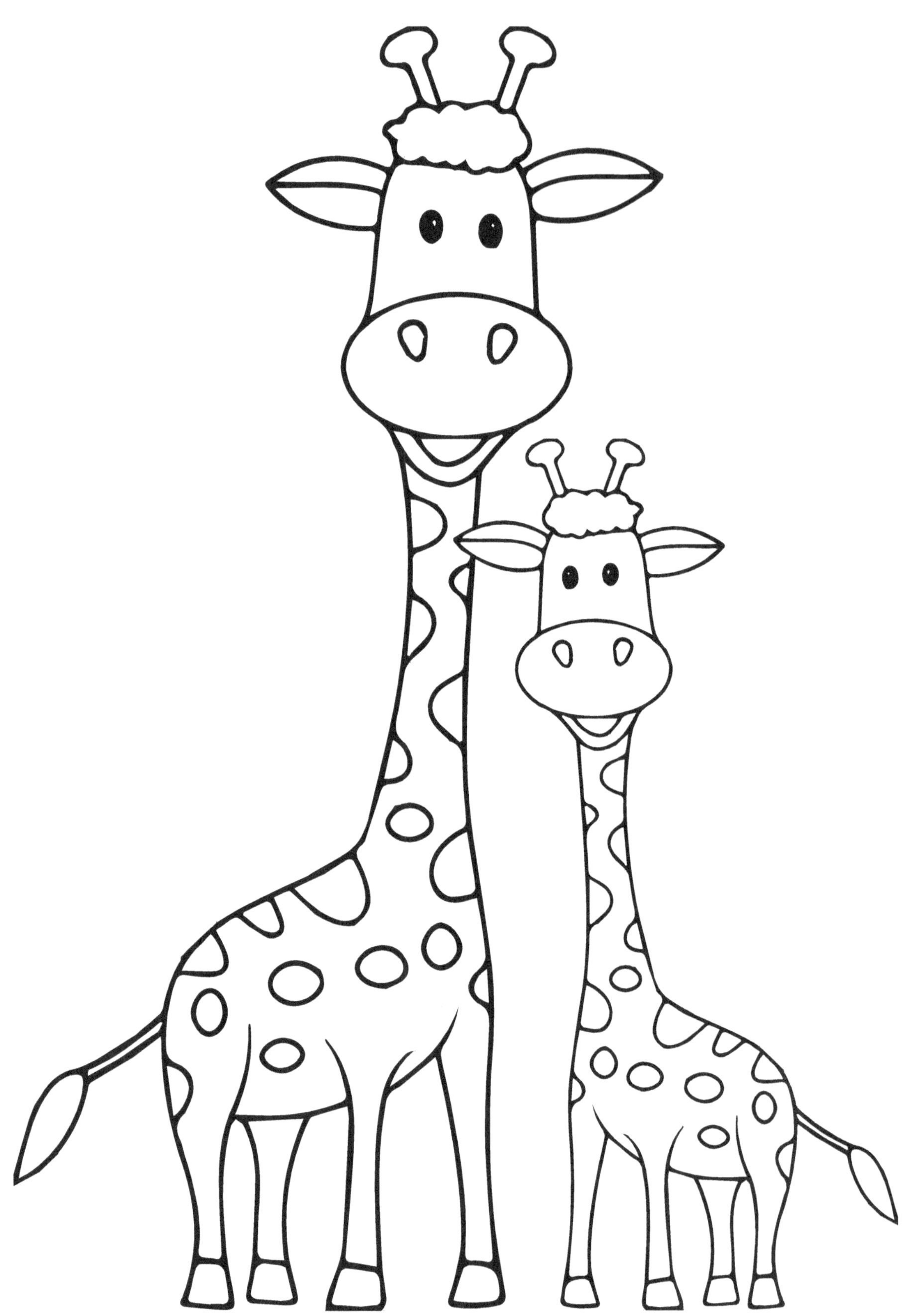

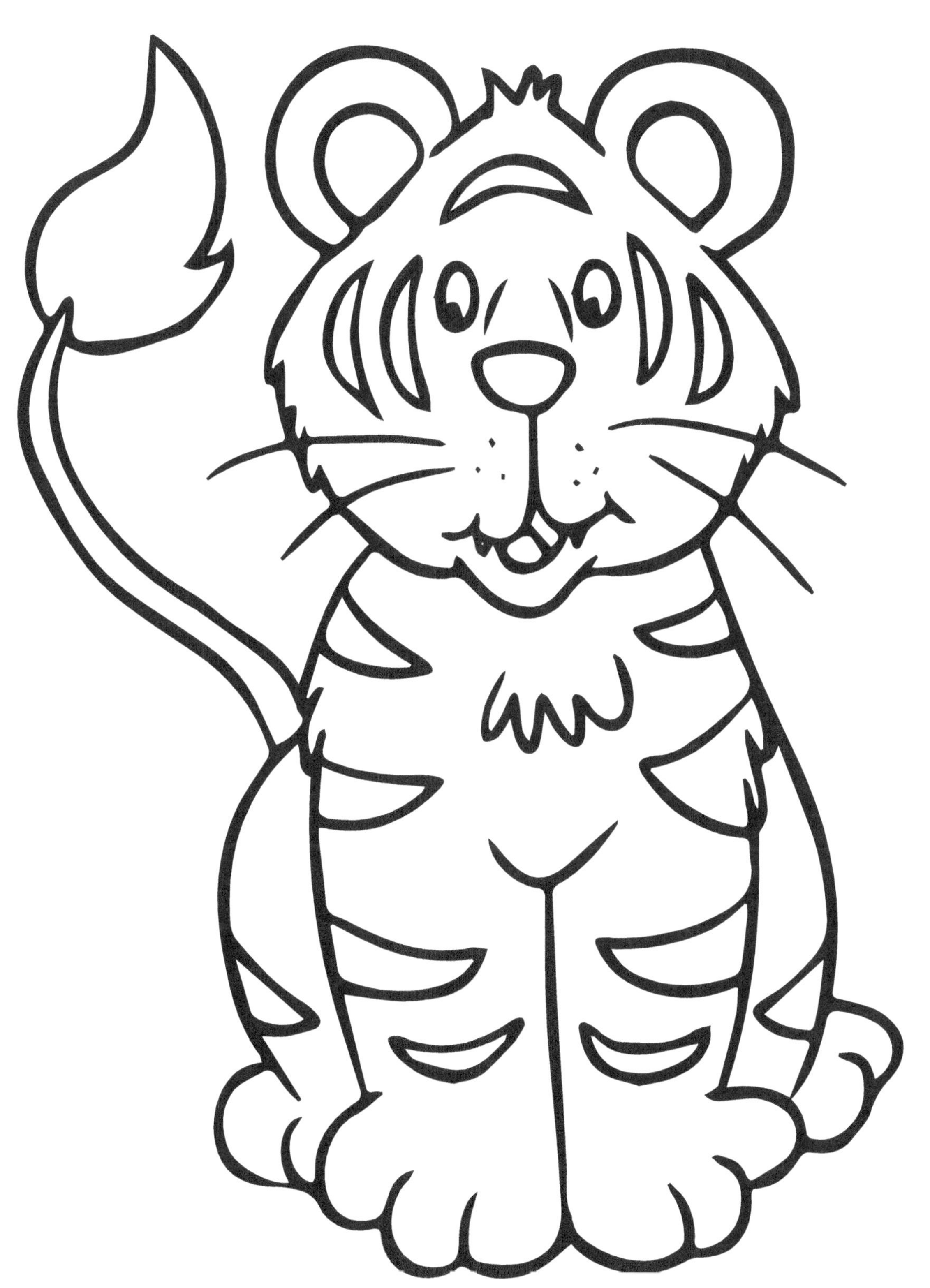

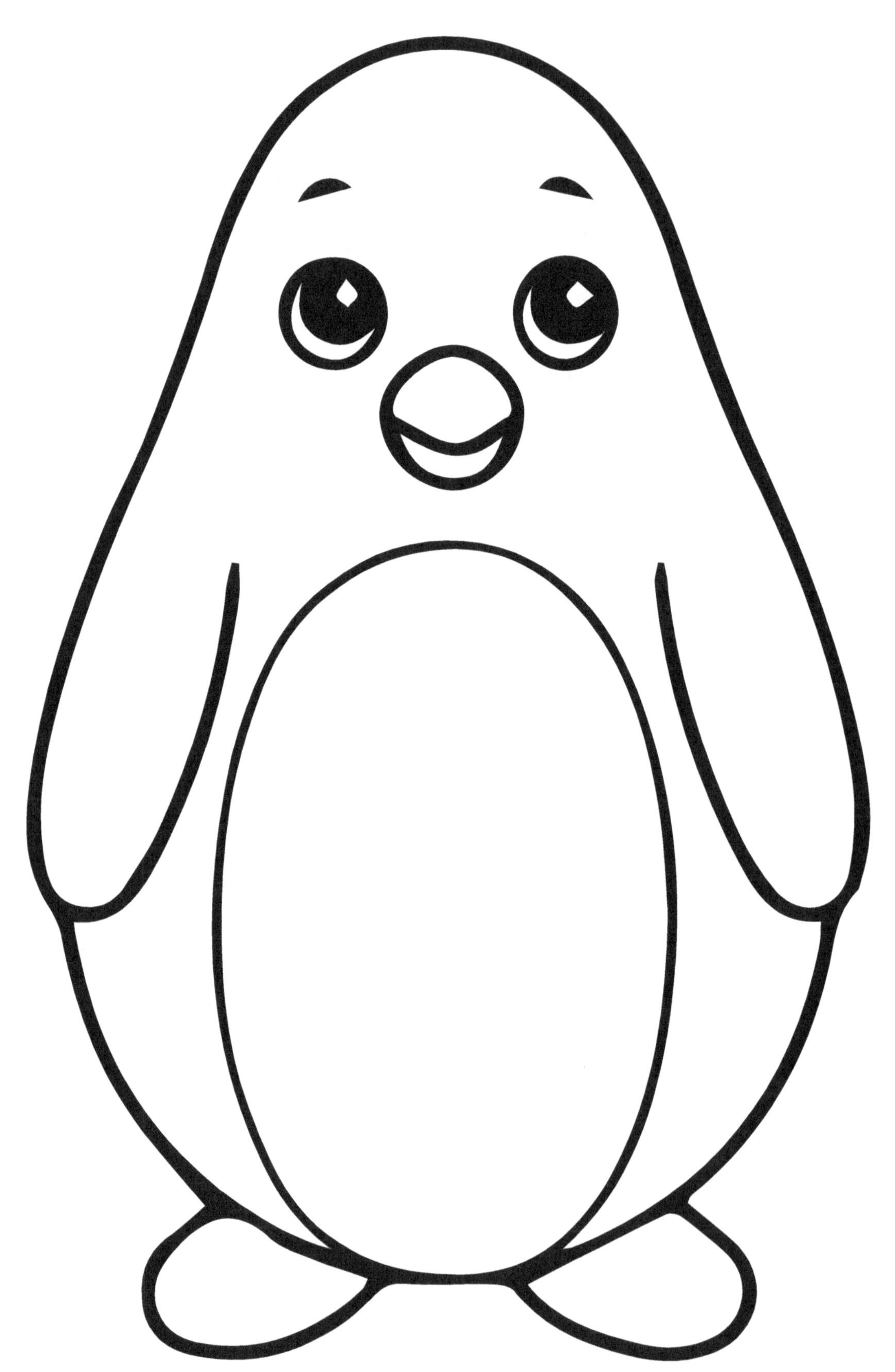

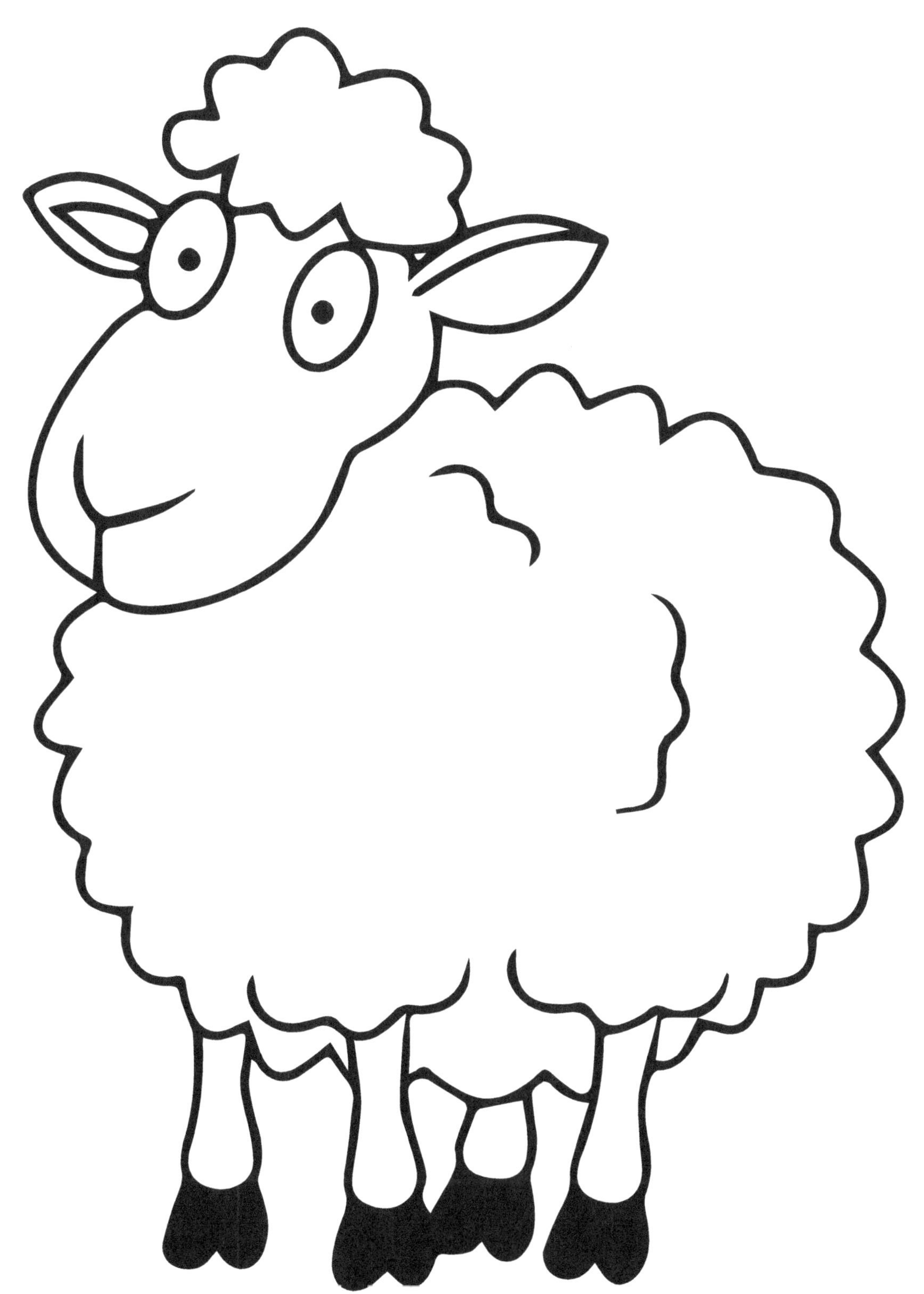

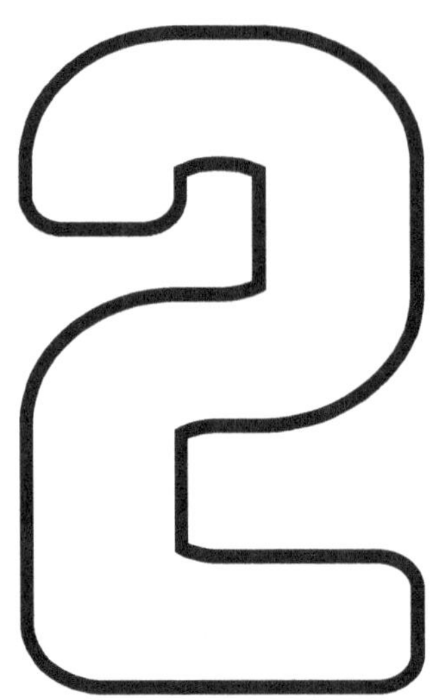

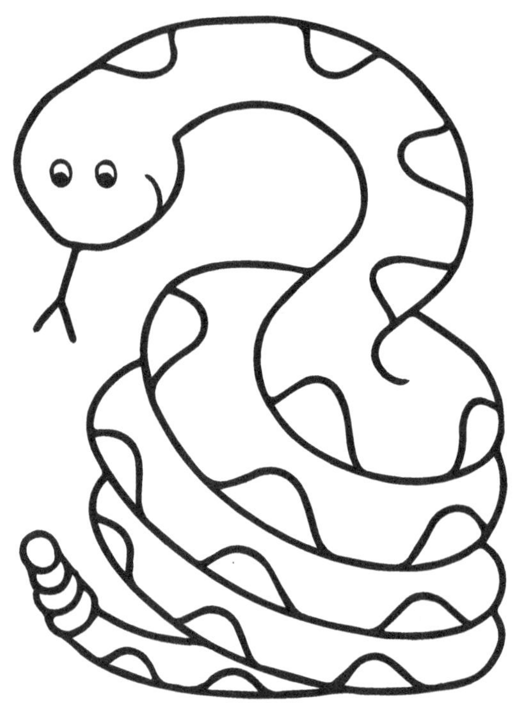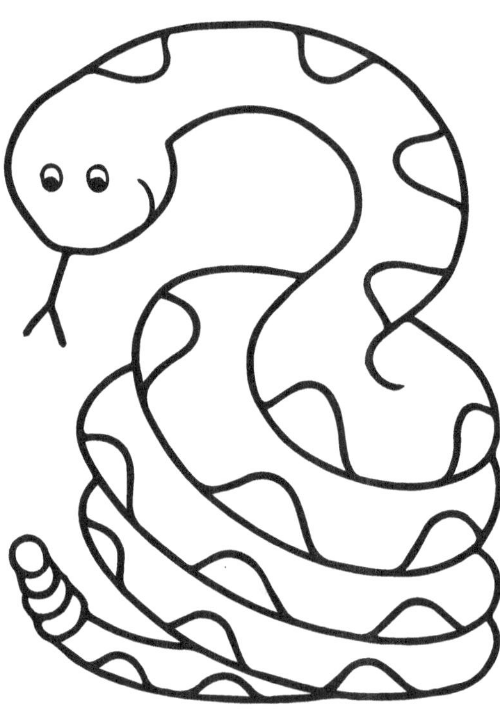

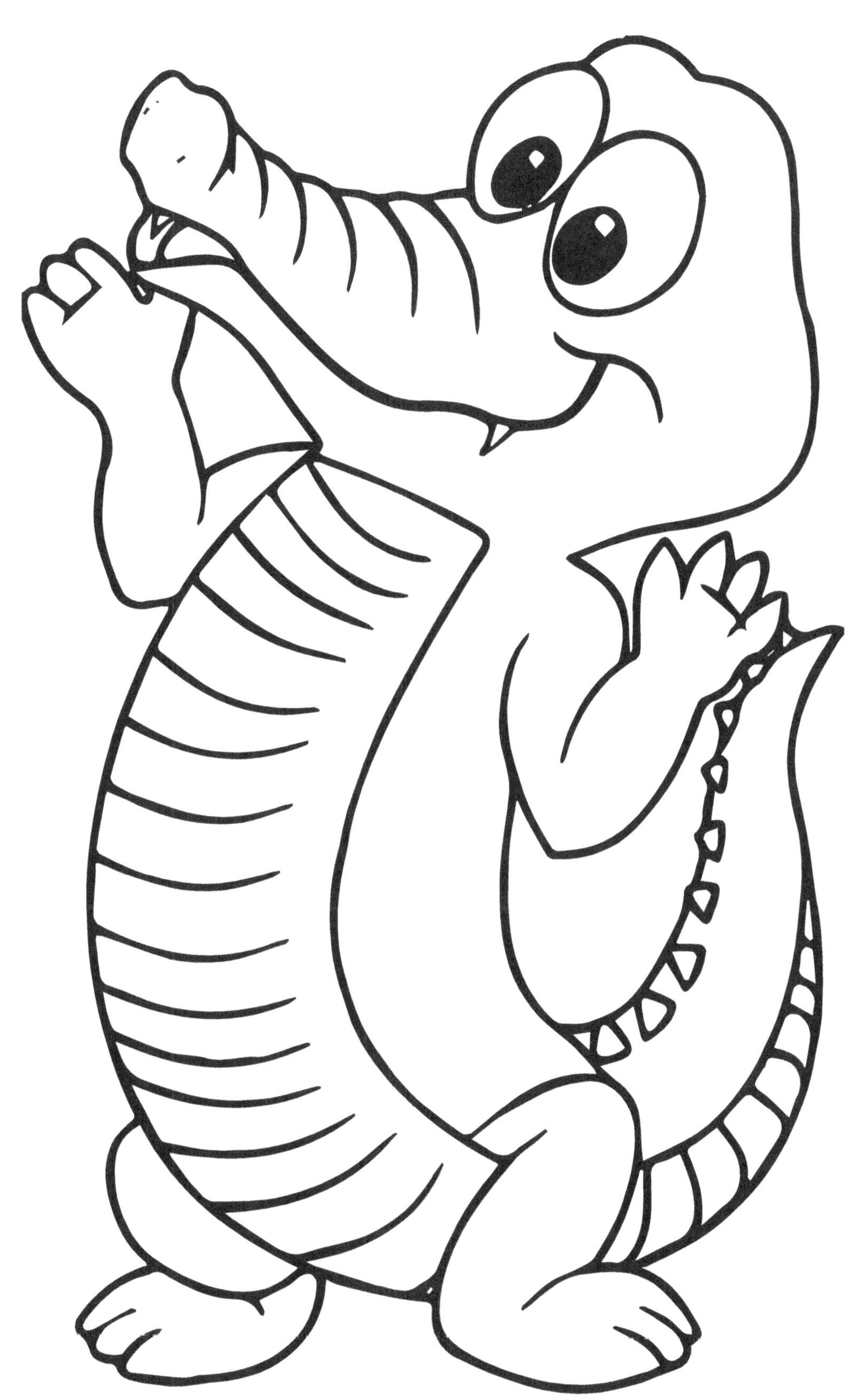

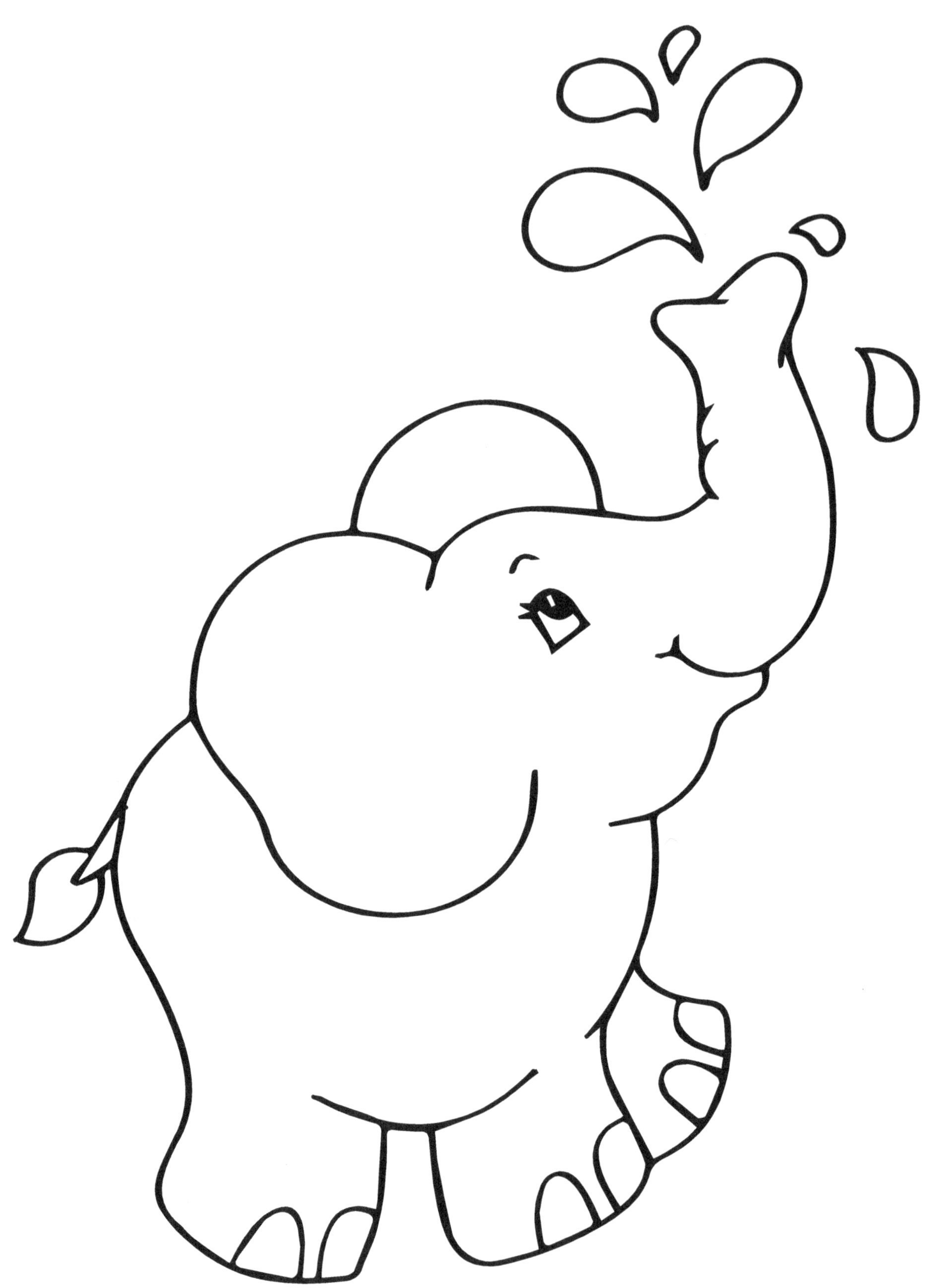

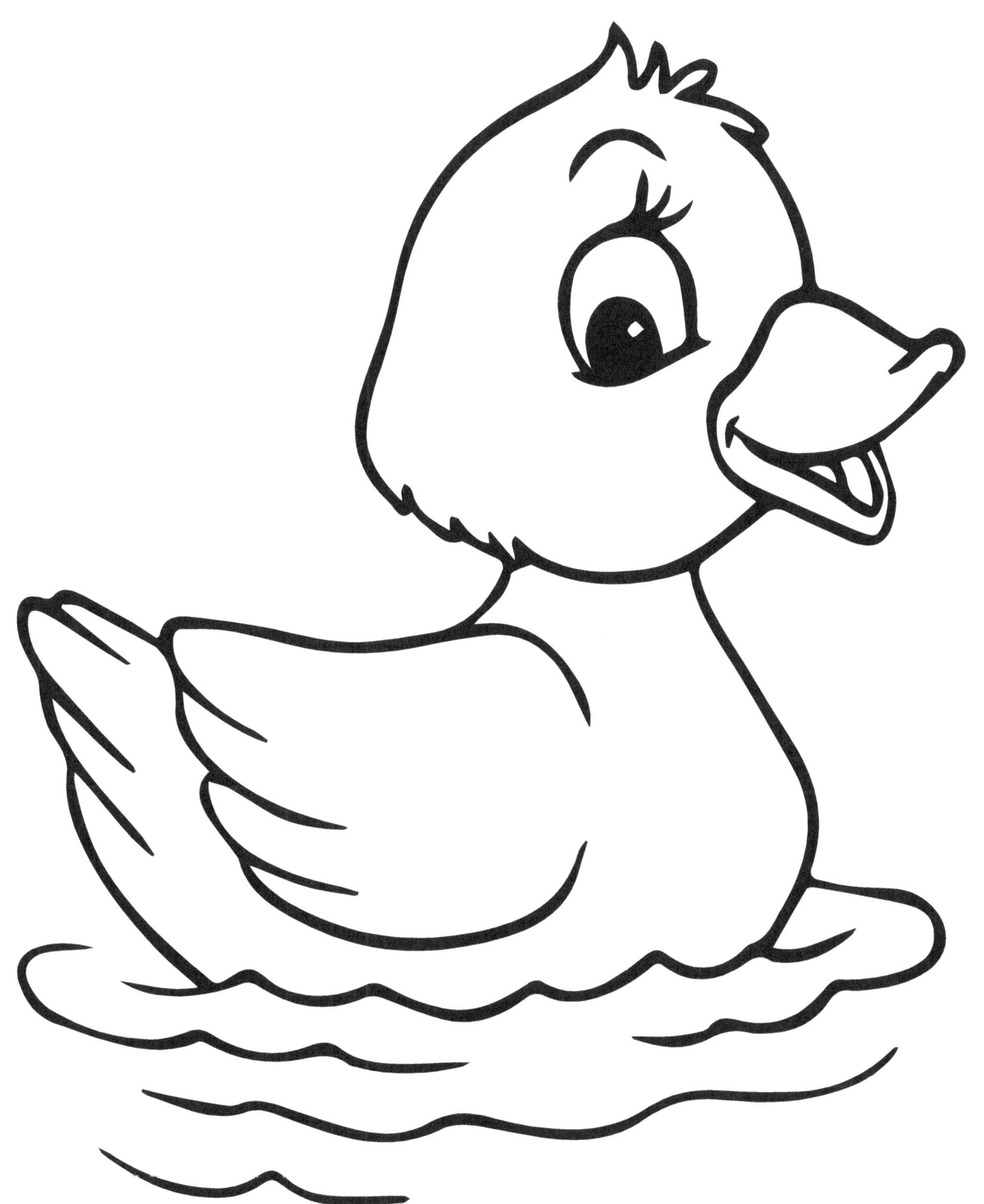

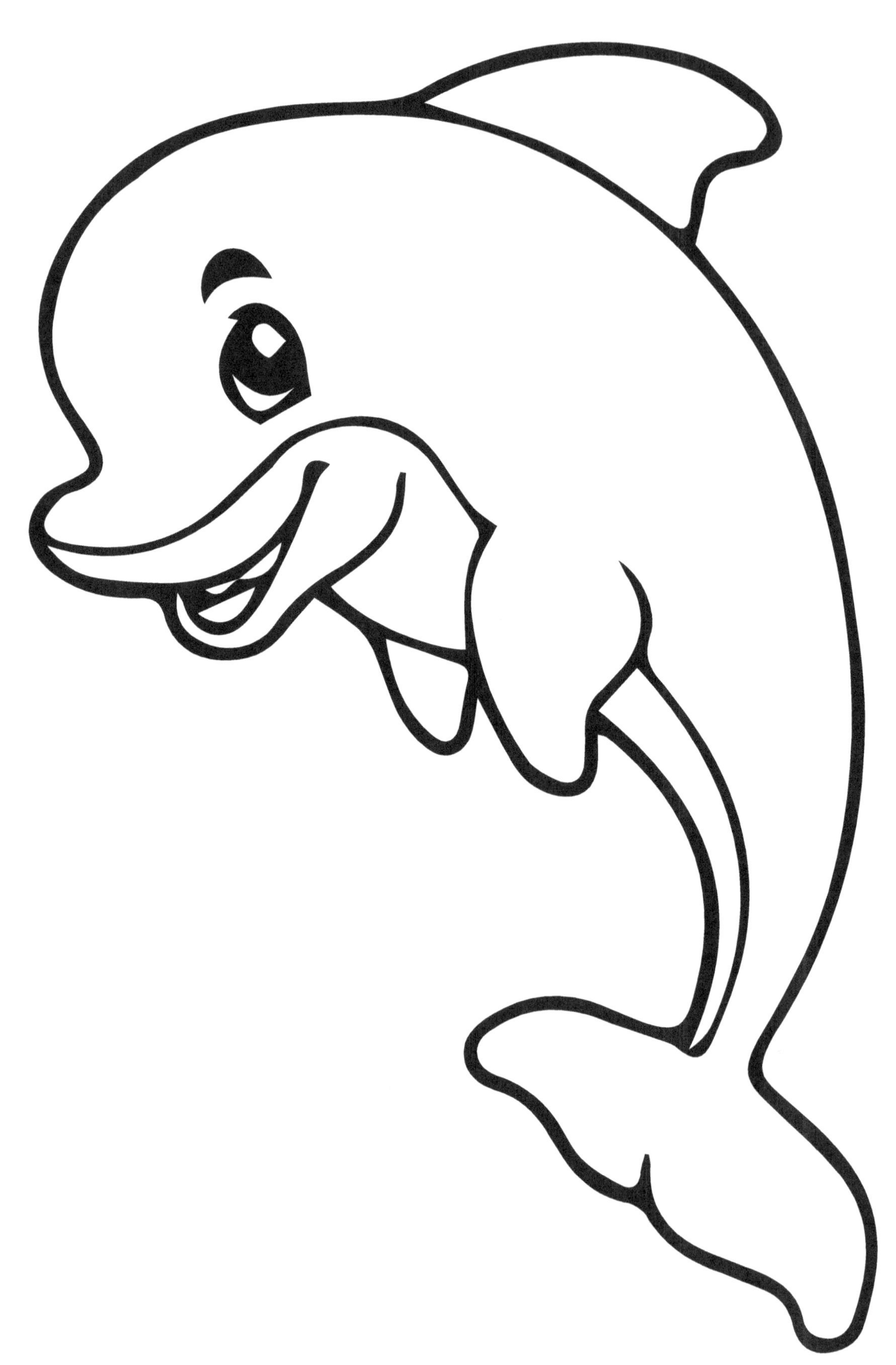

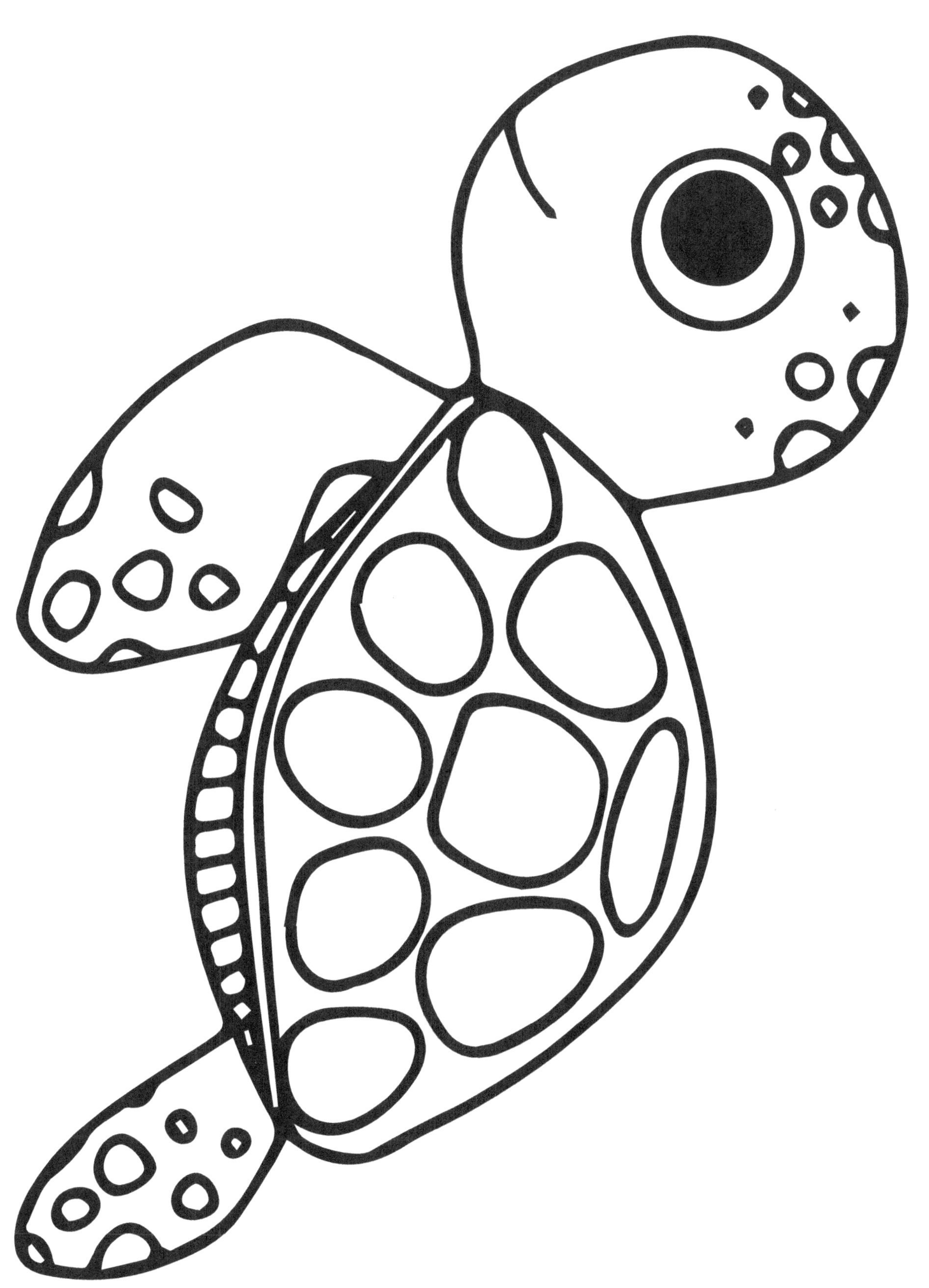

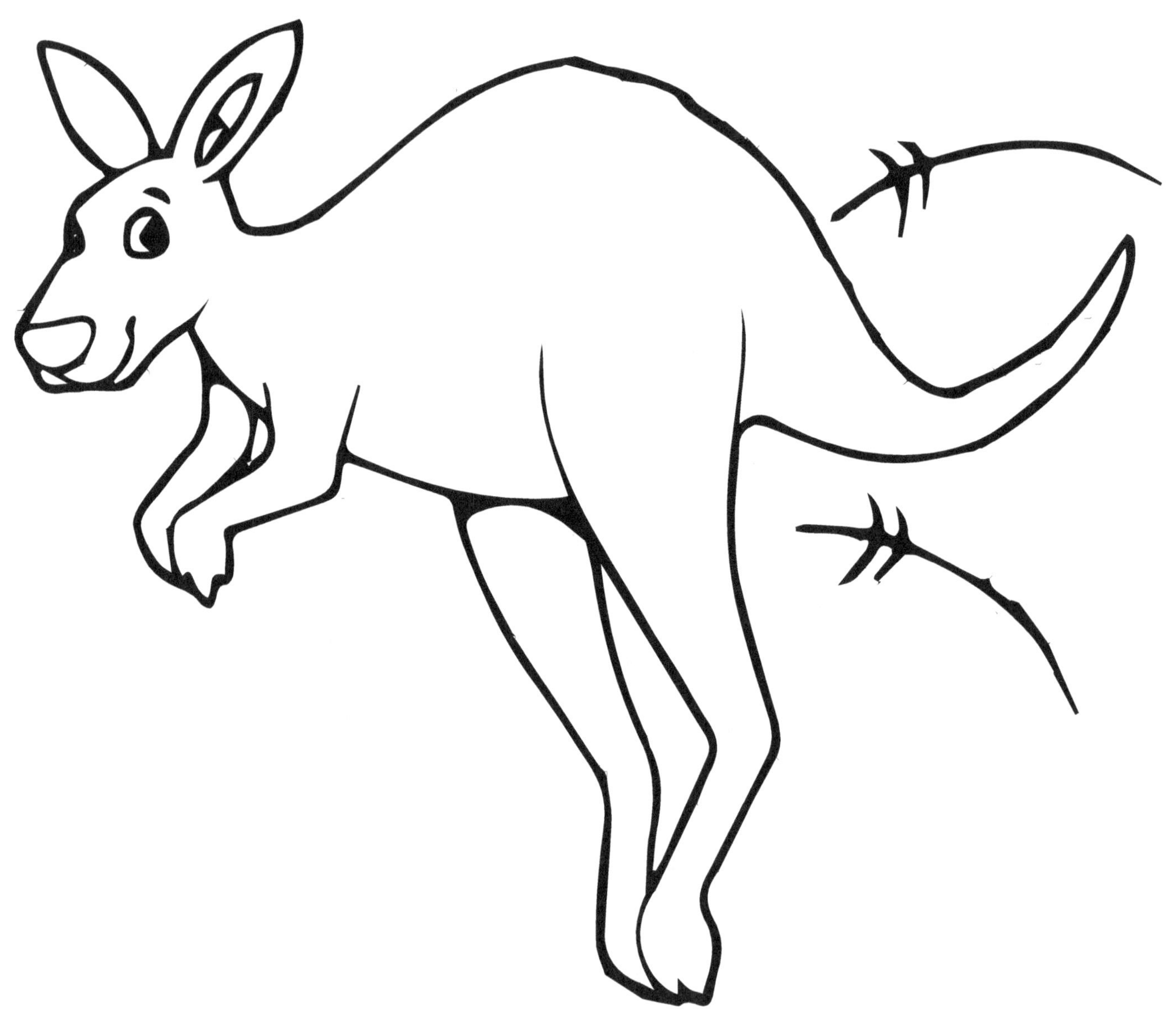

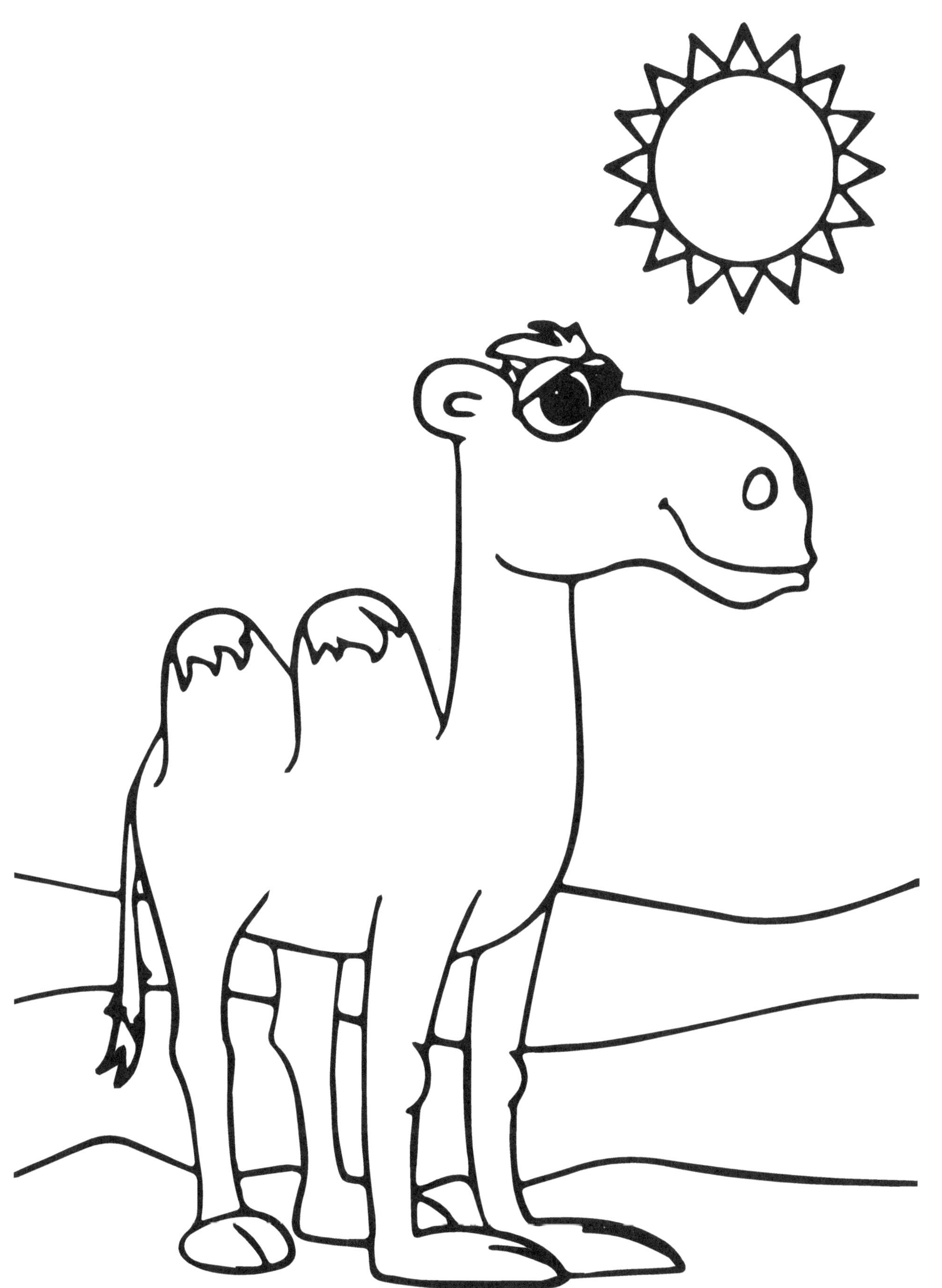

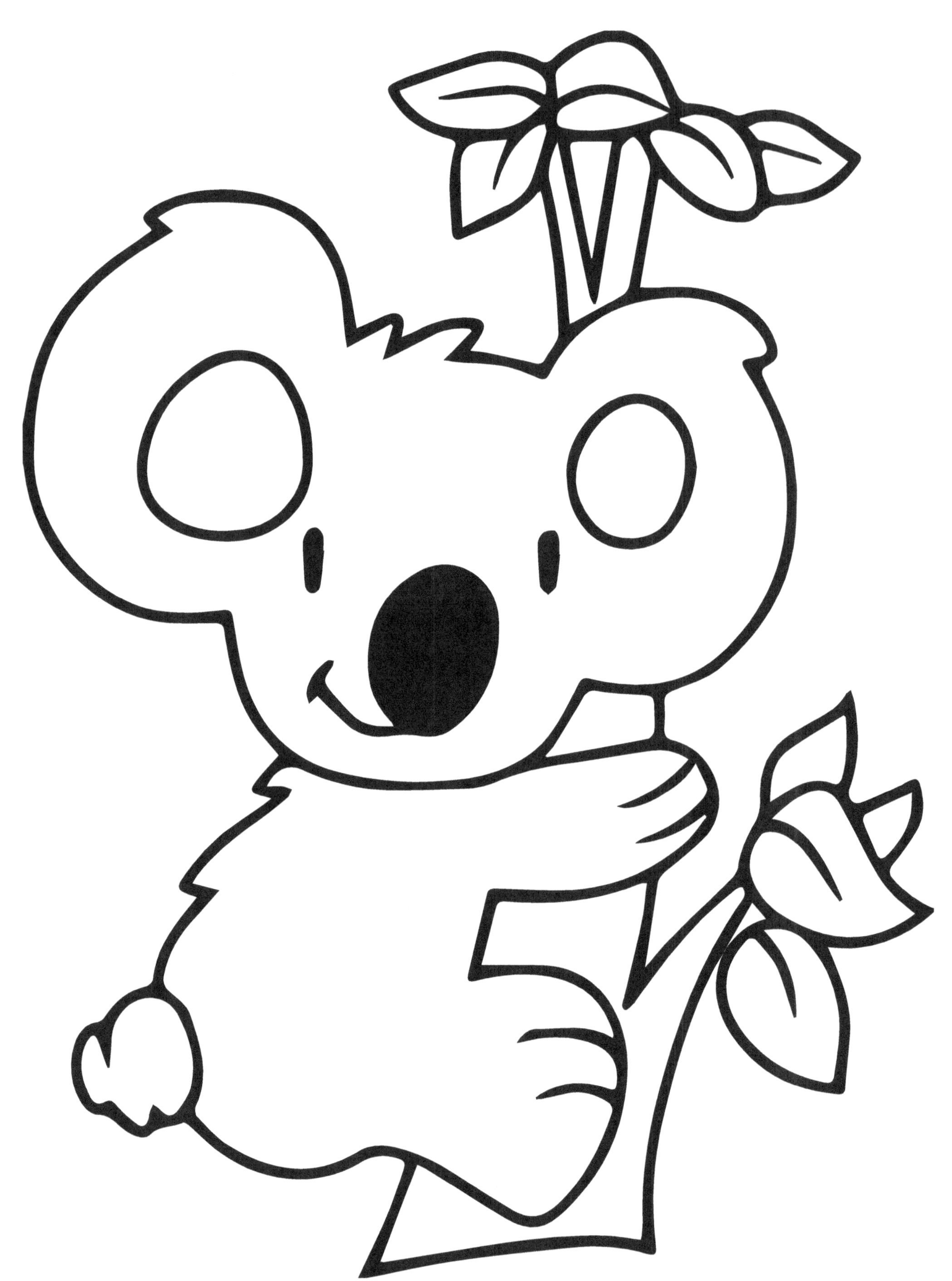

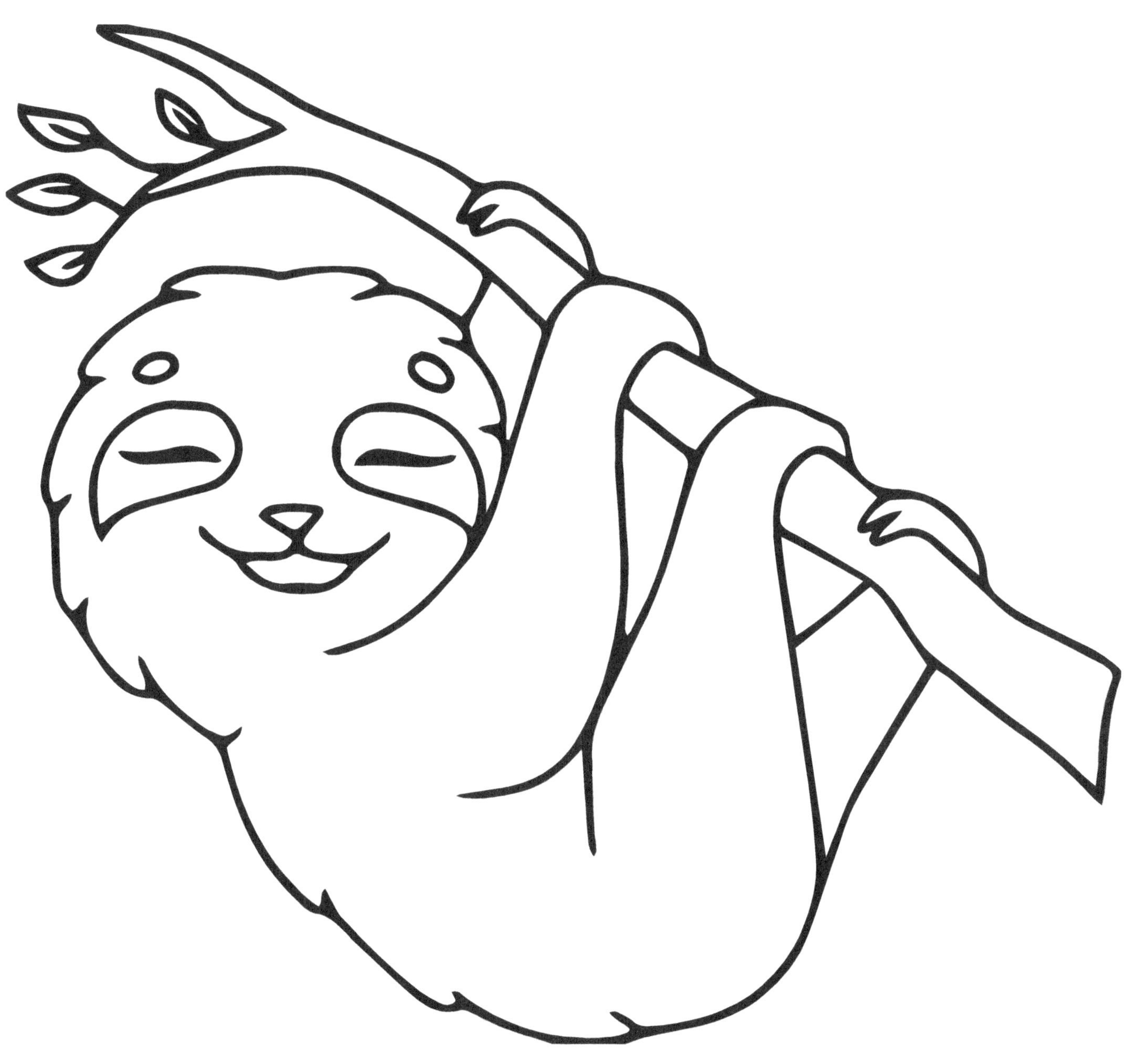

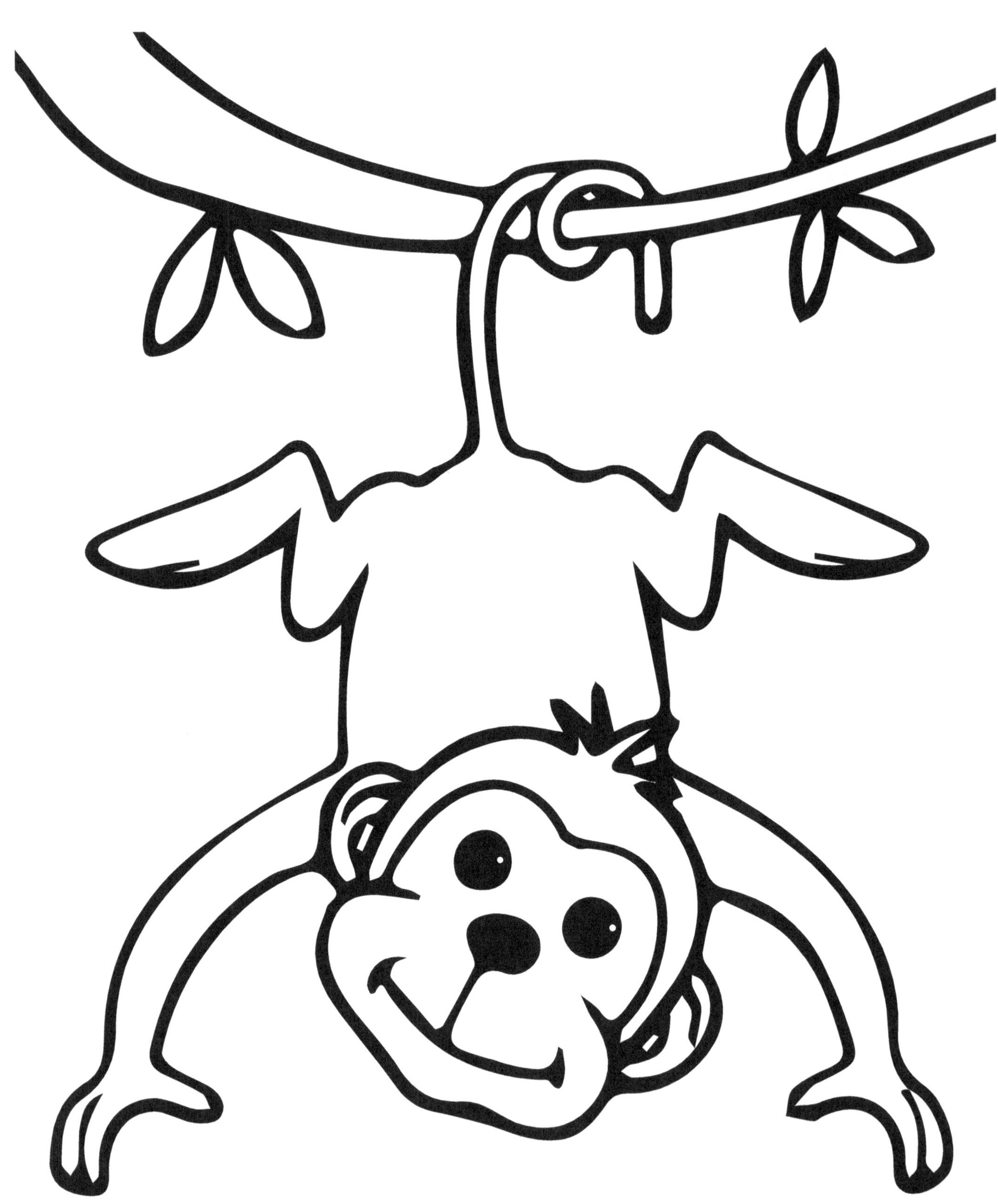

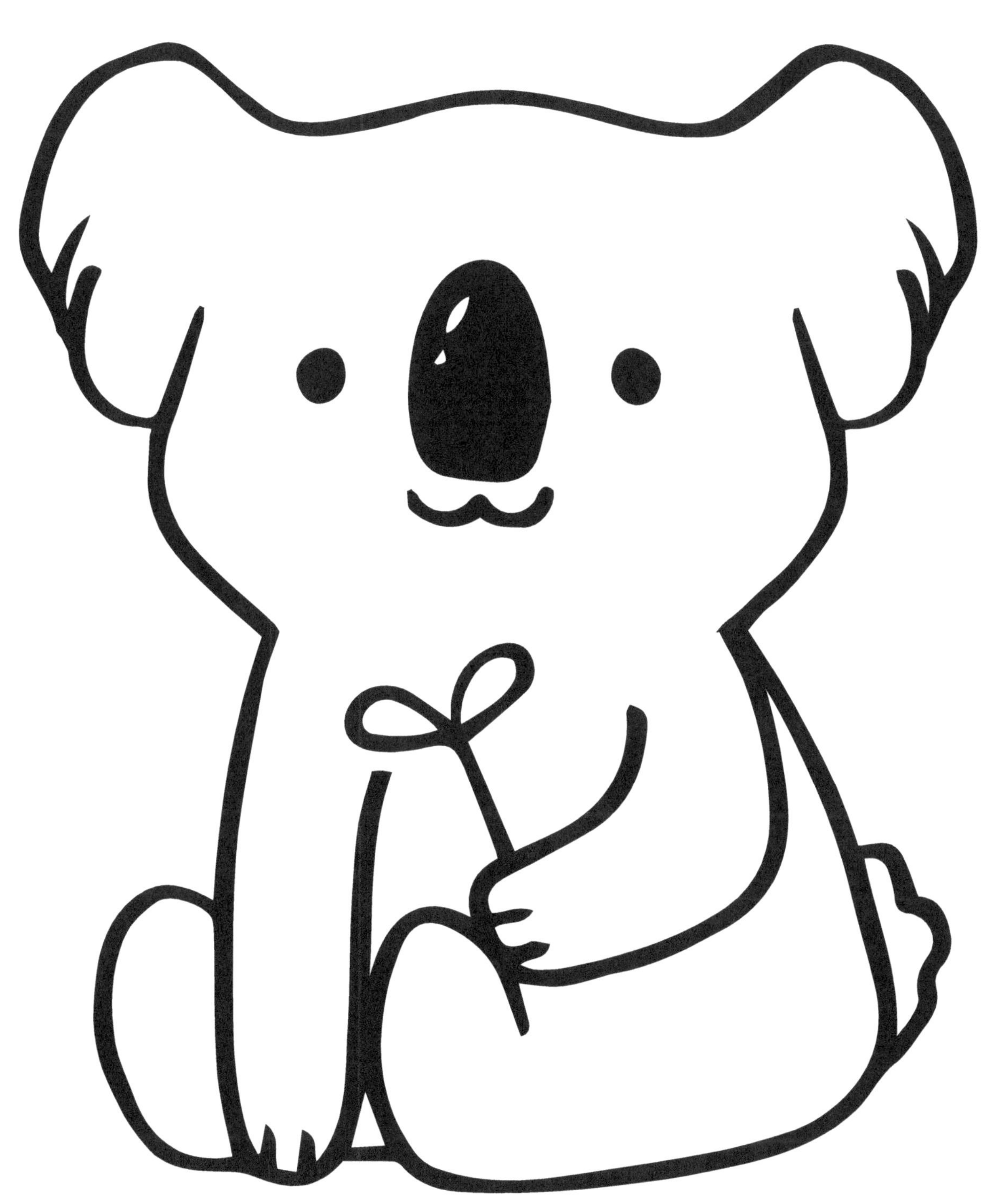

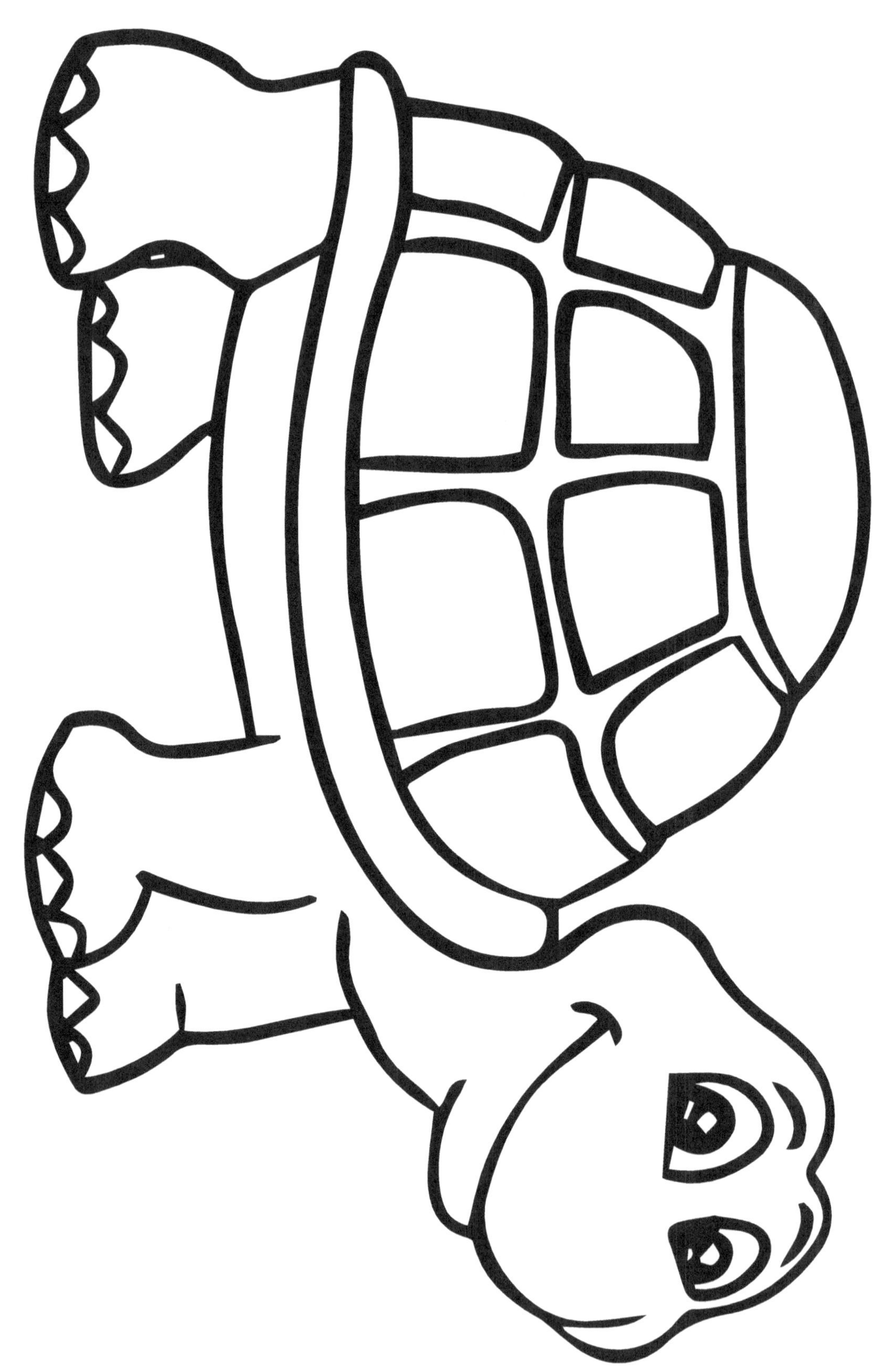

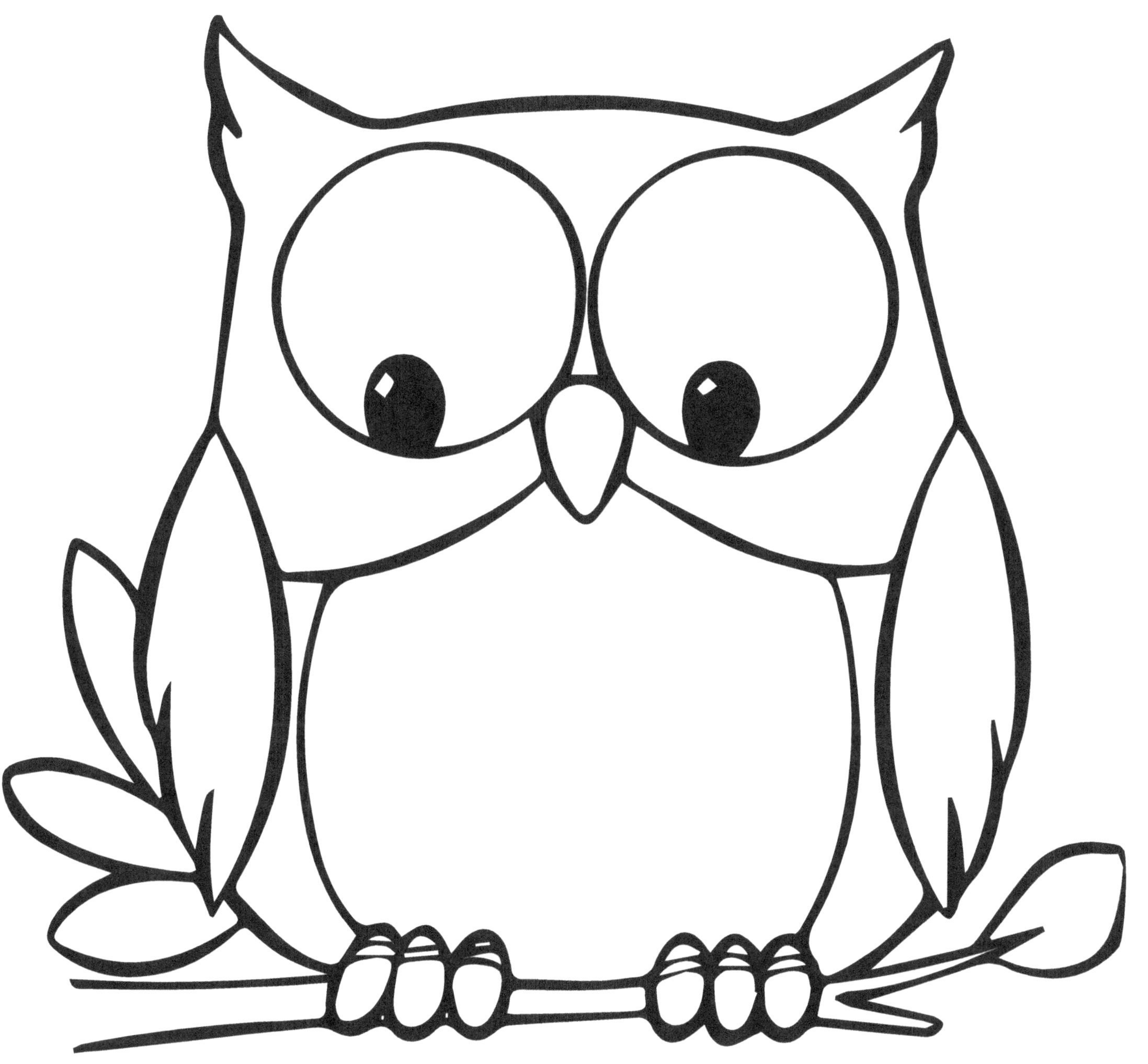

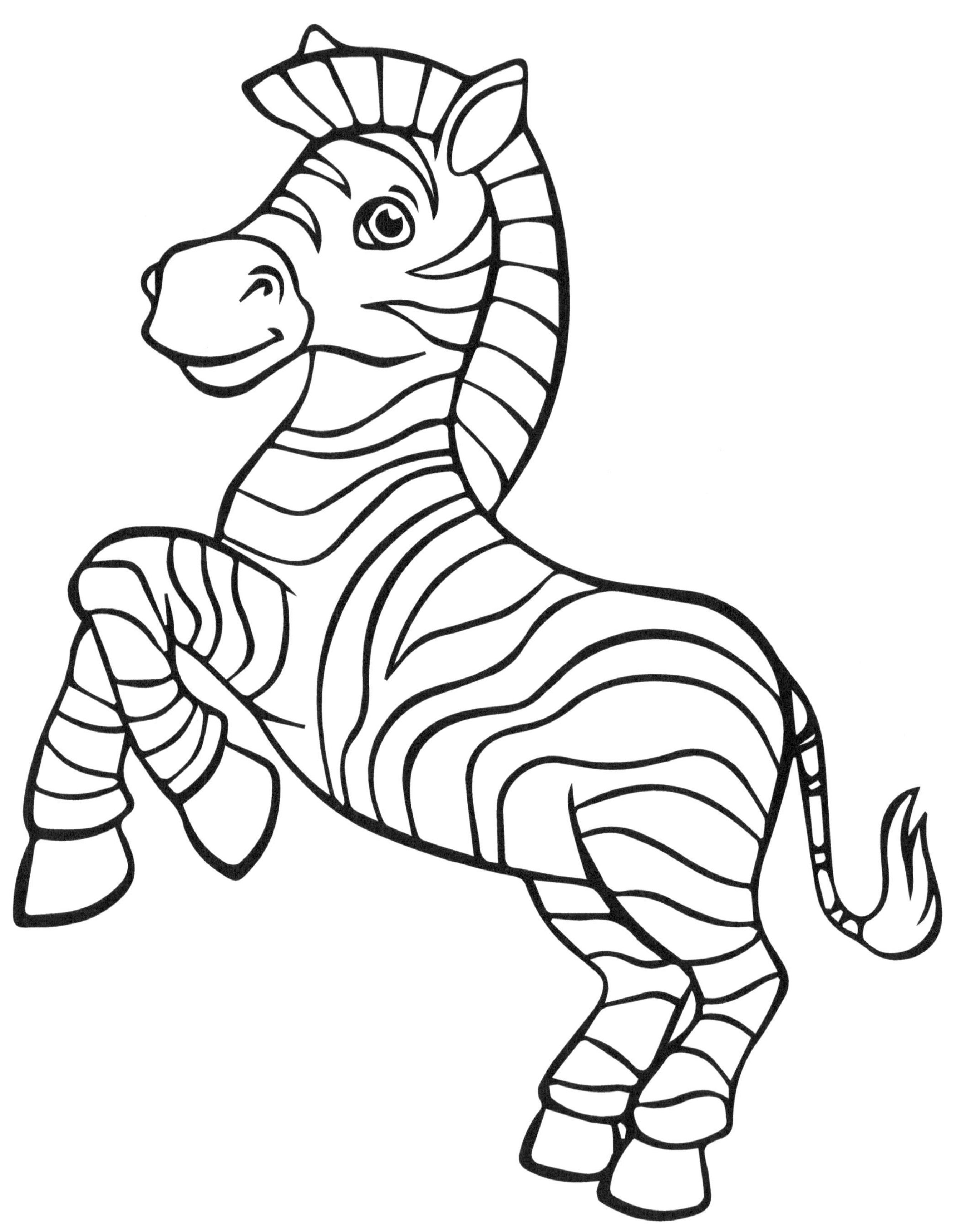

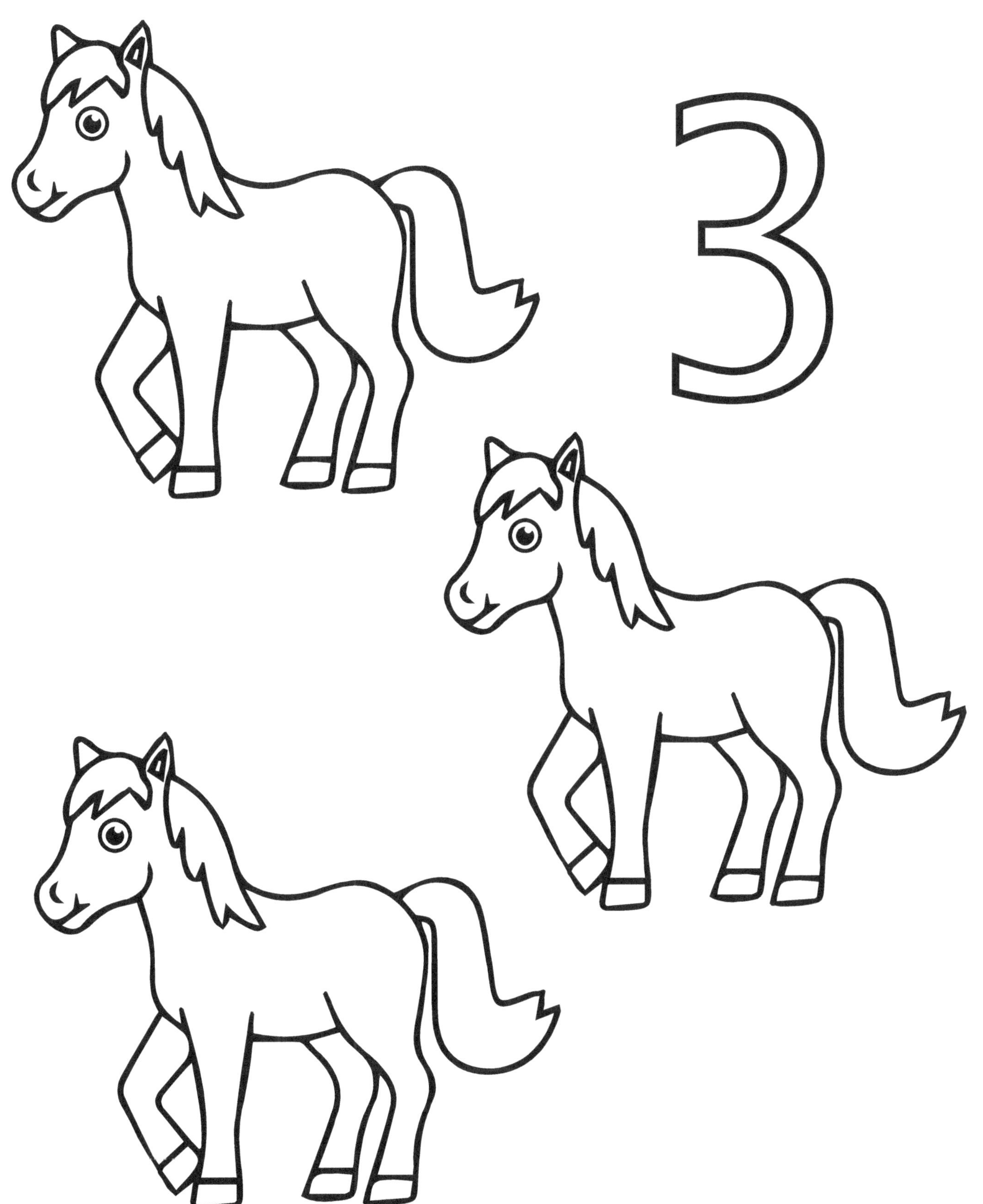
3

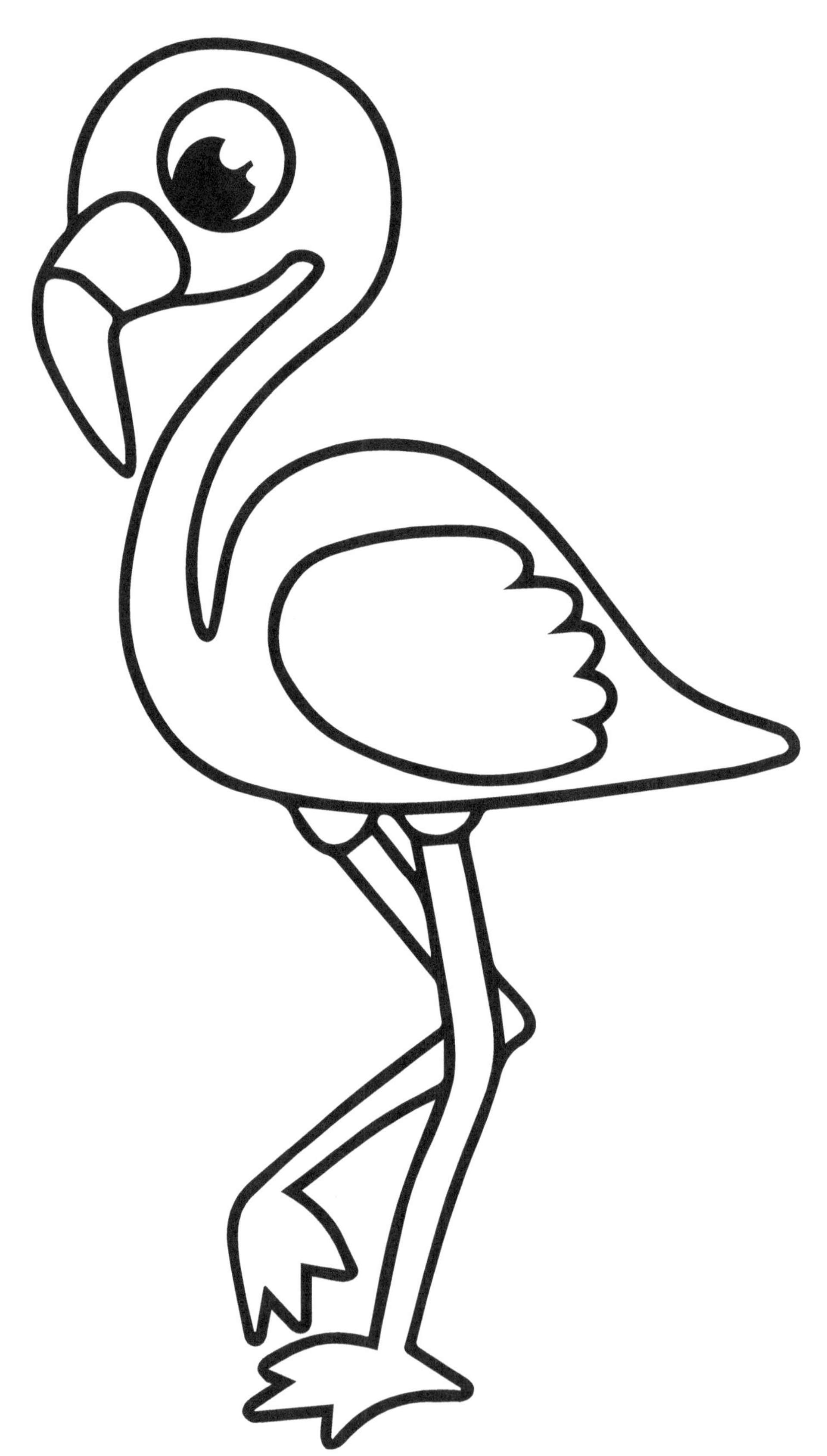

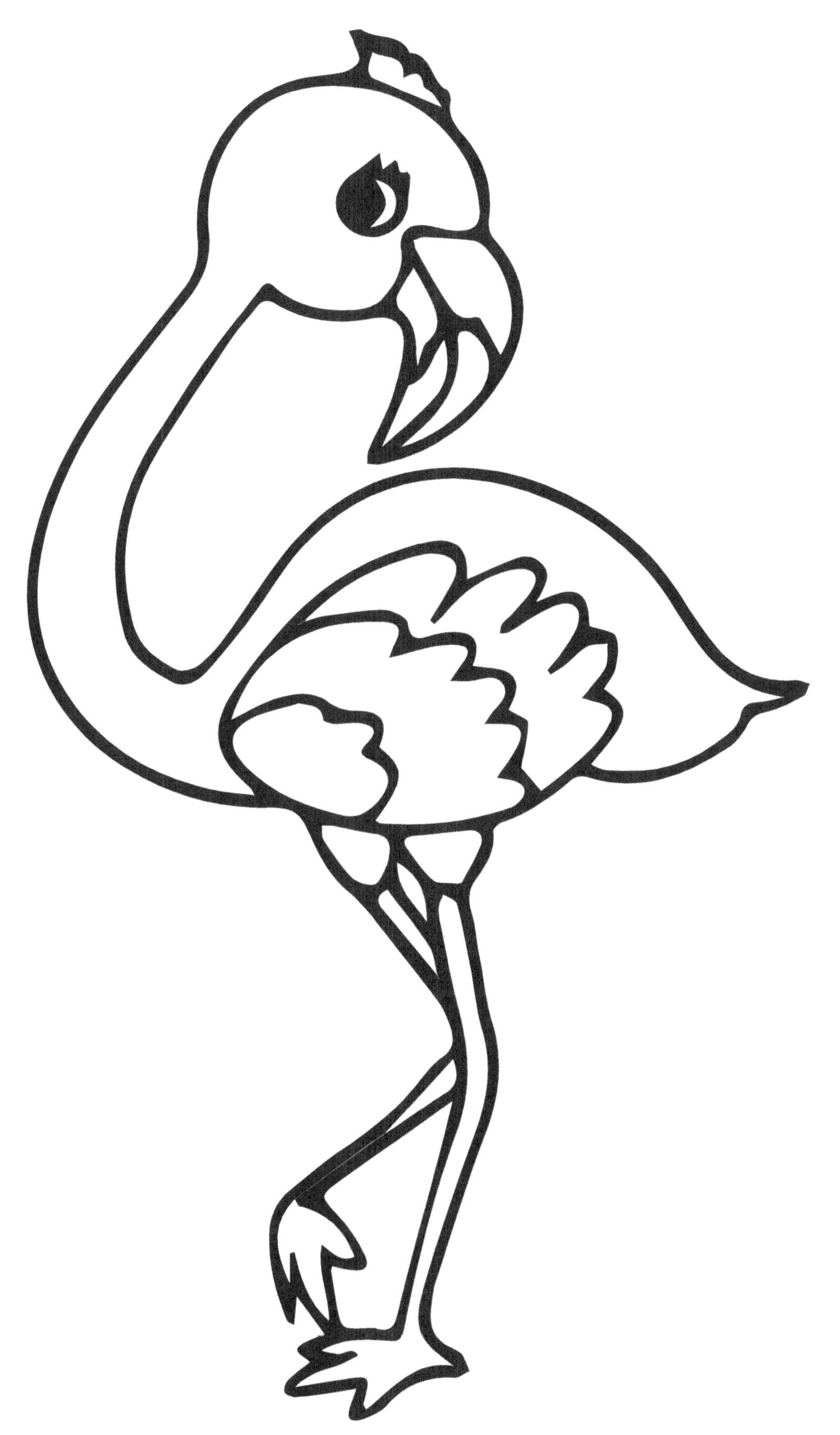

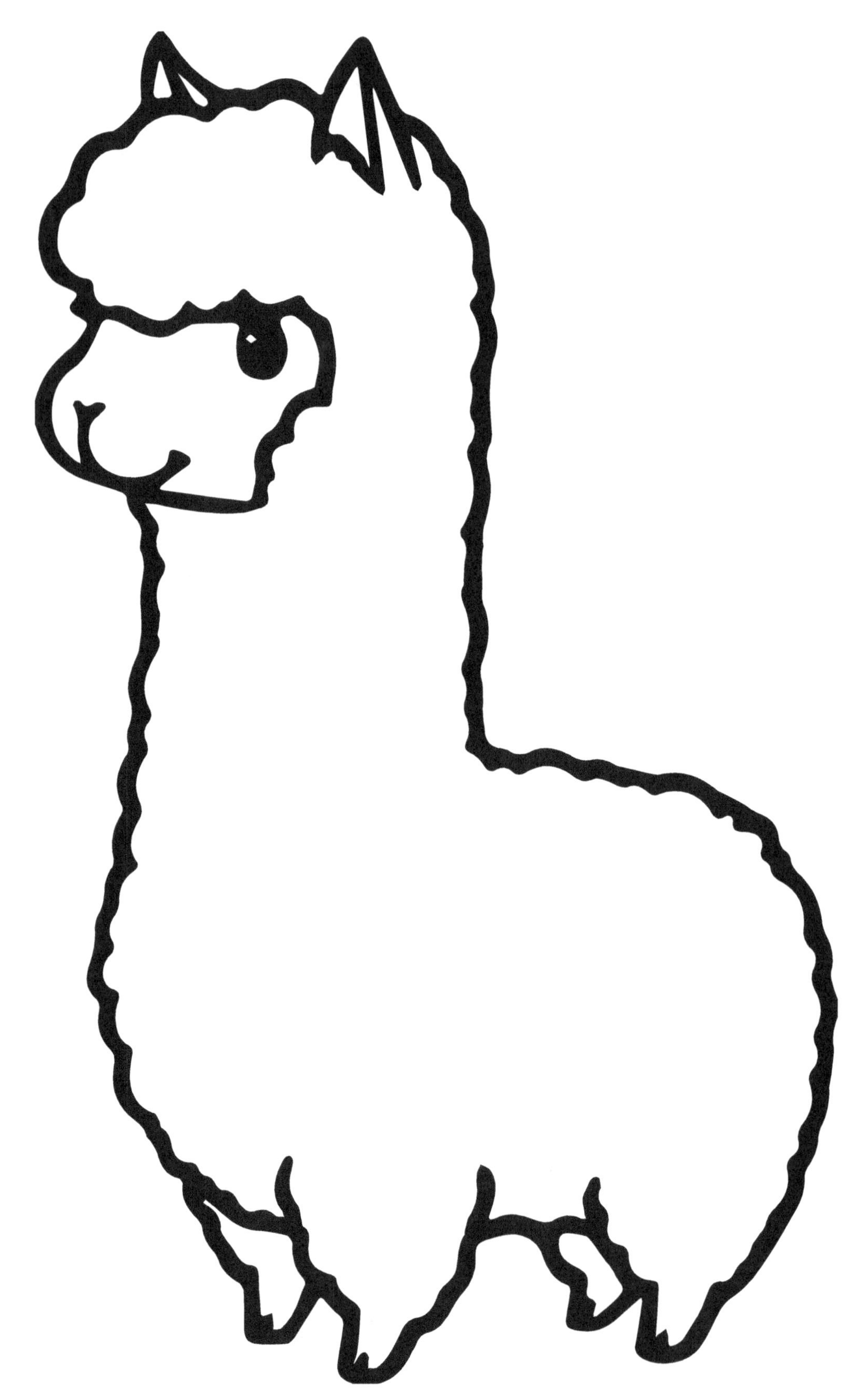

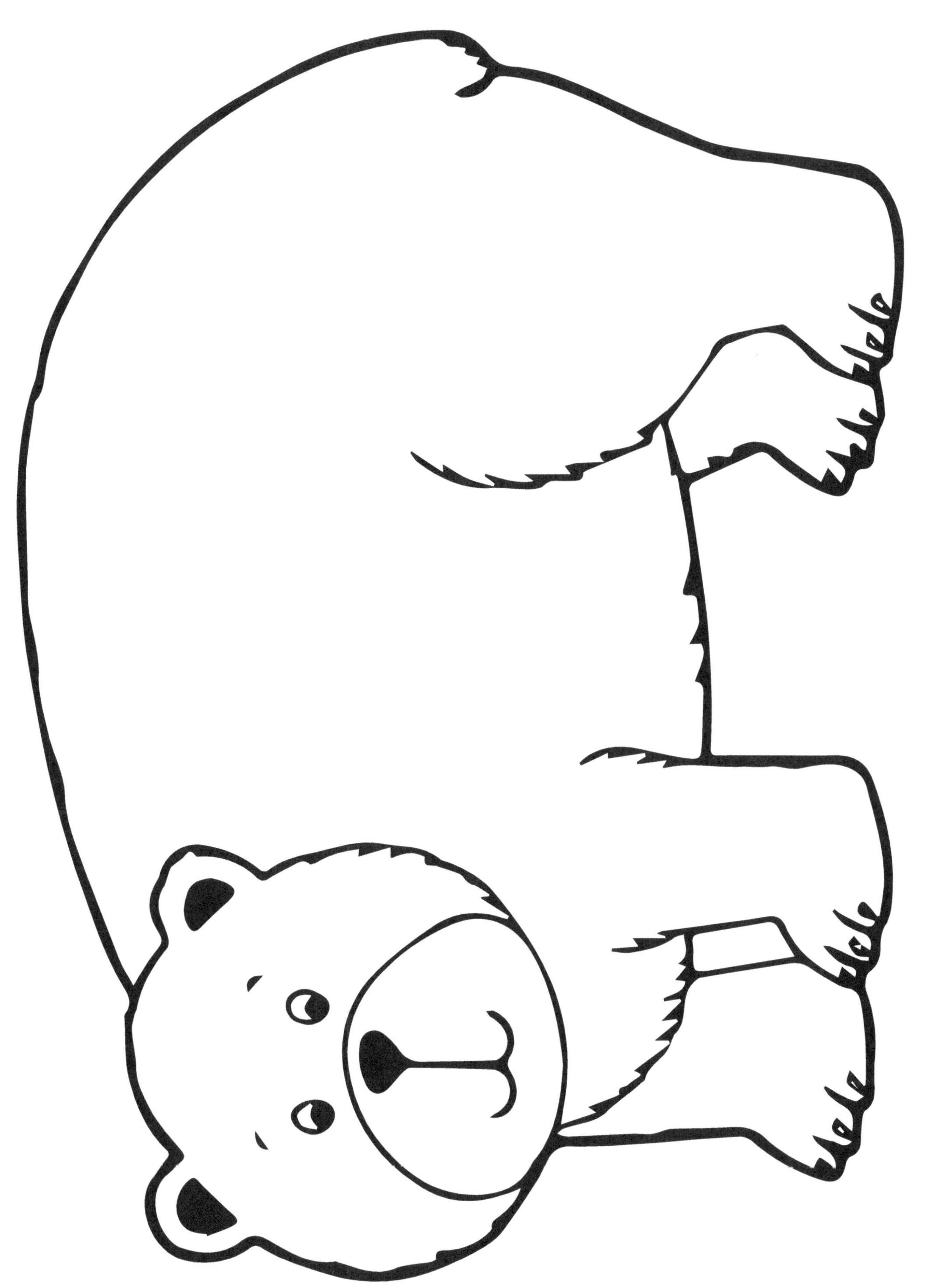

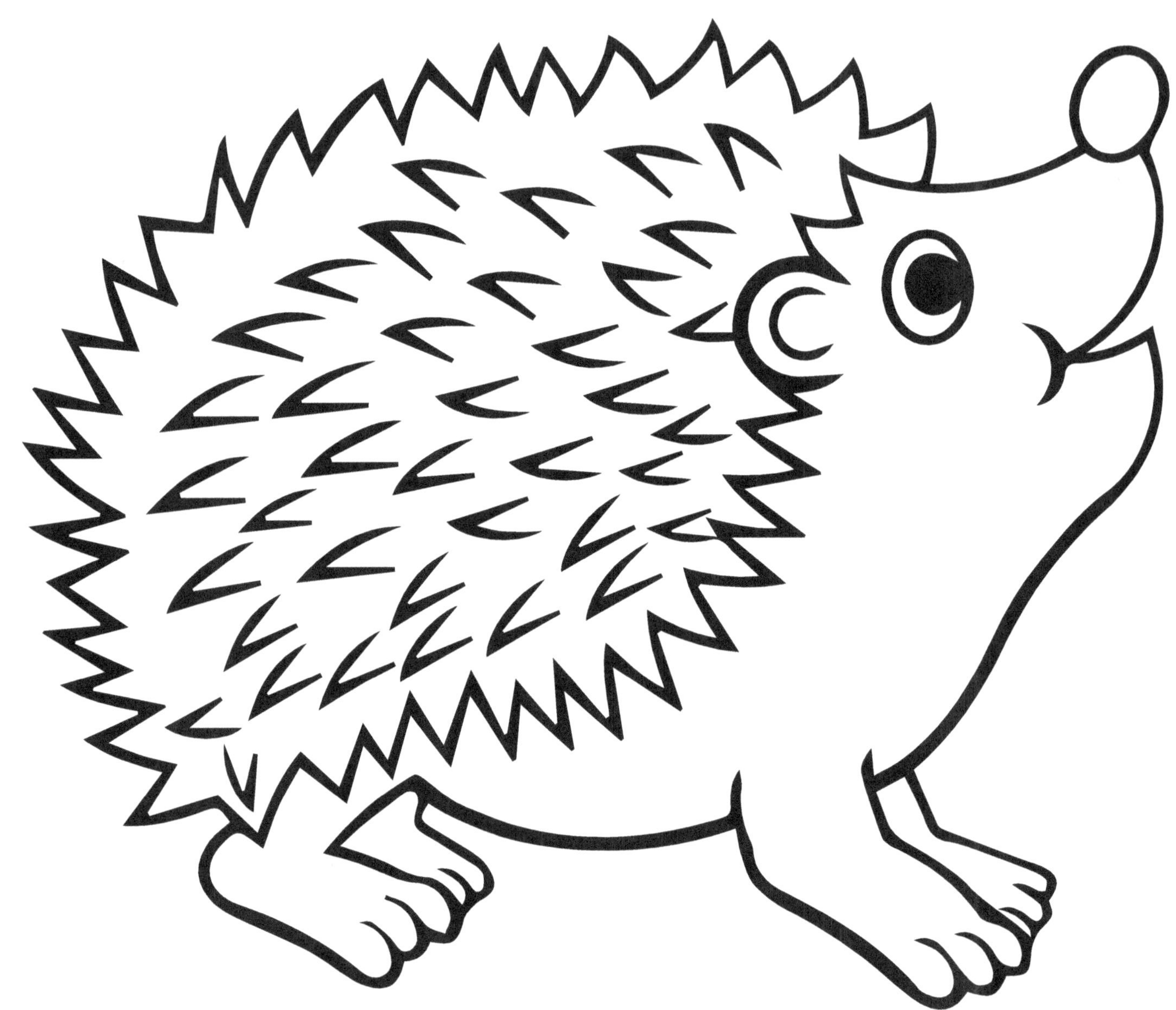

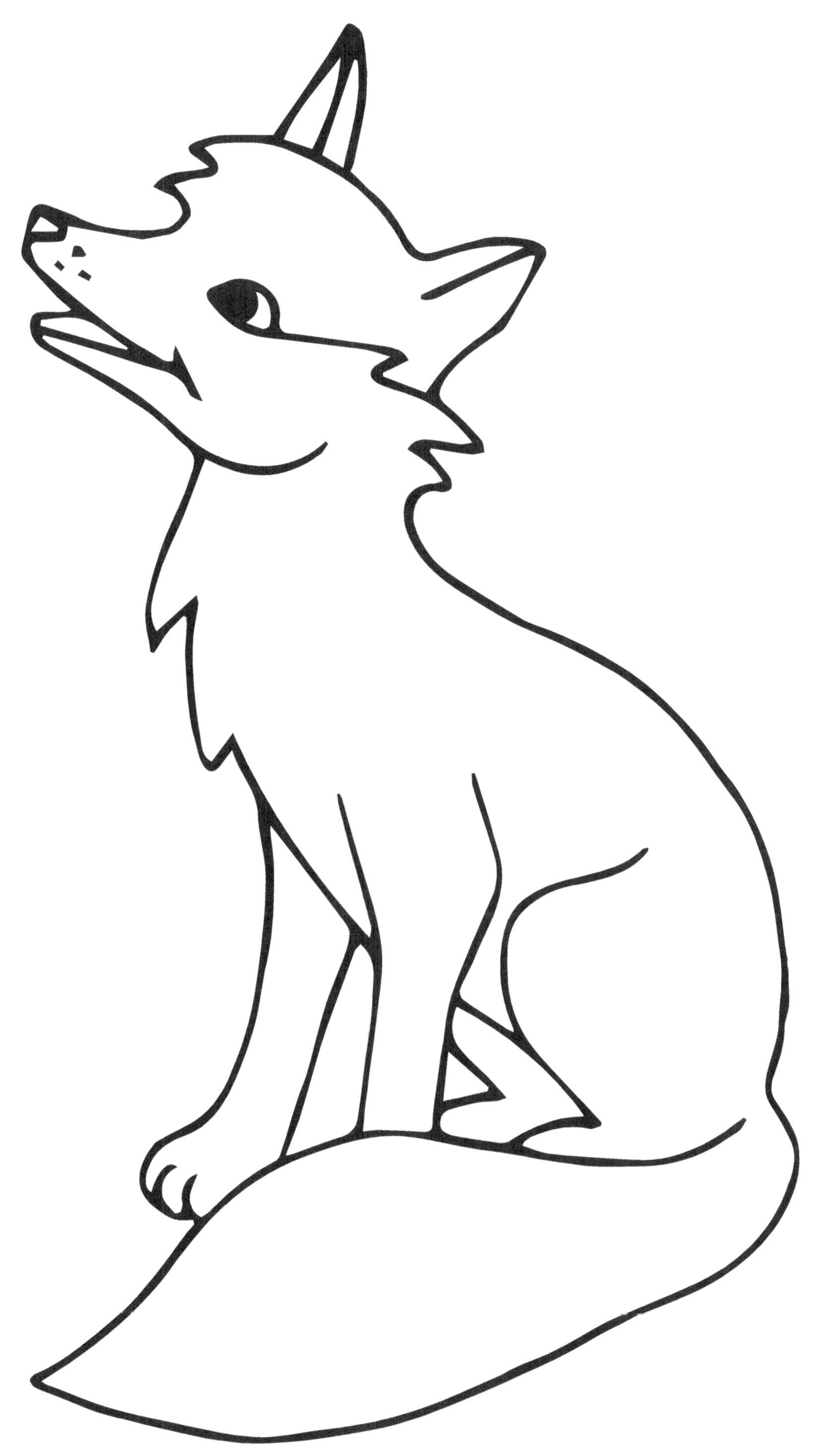

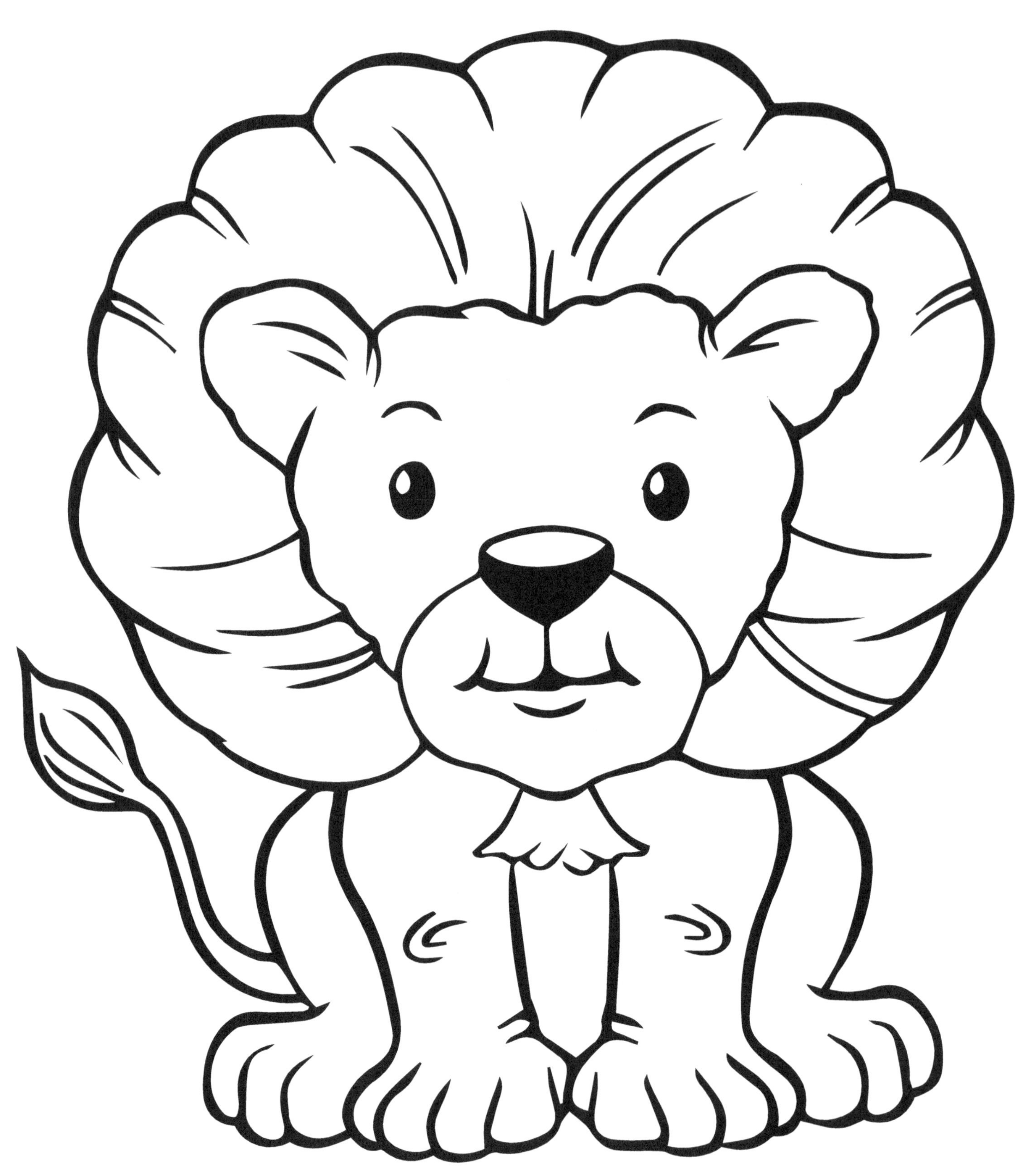

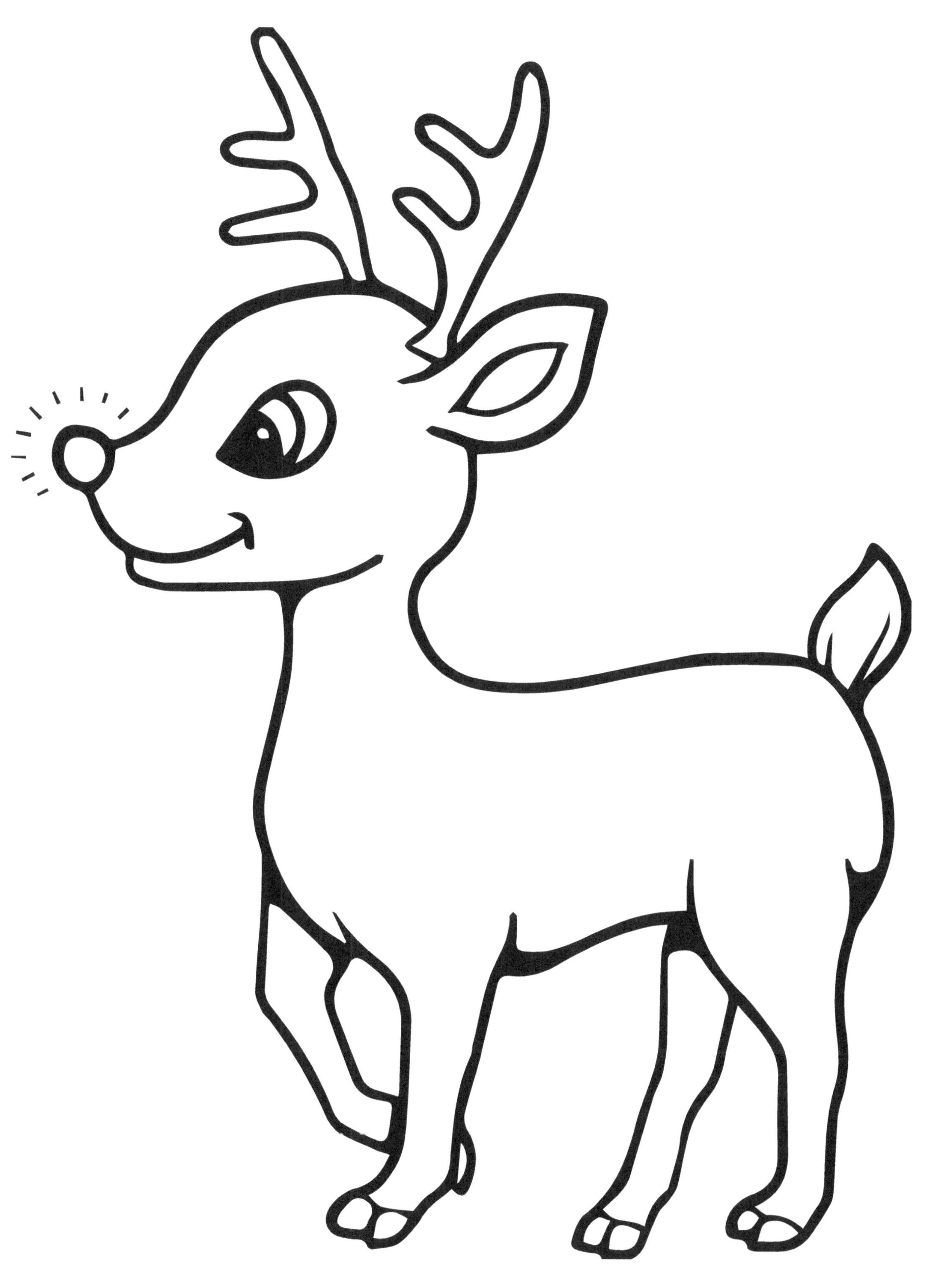

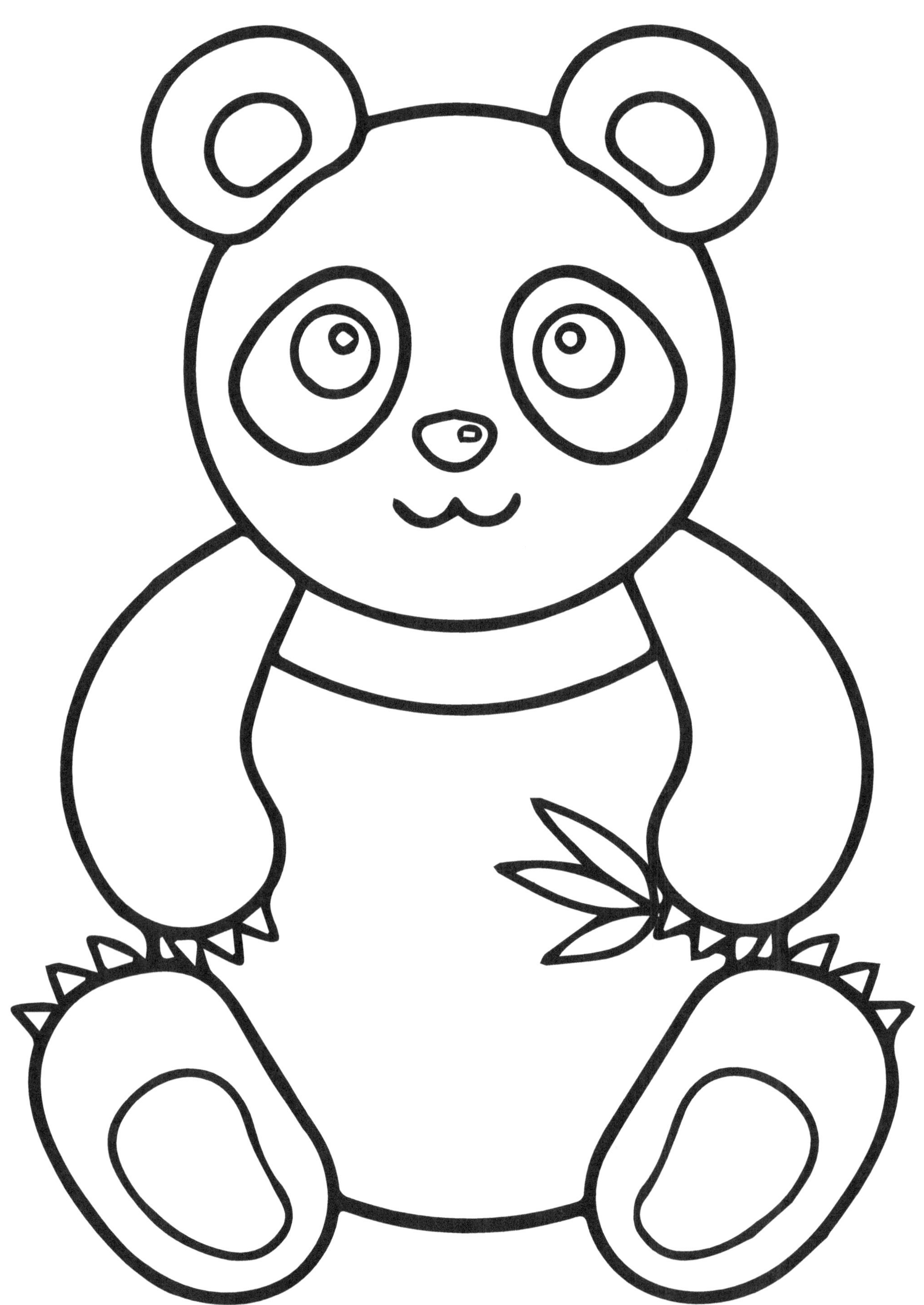

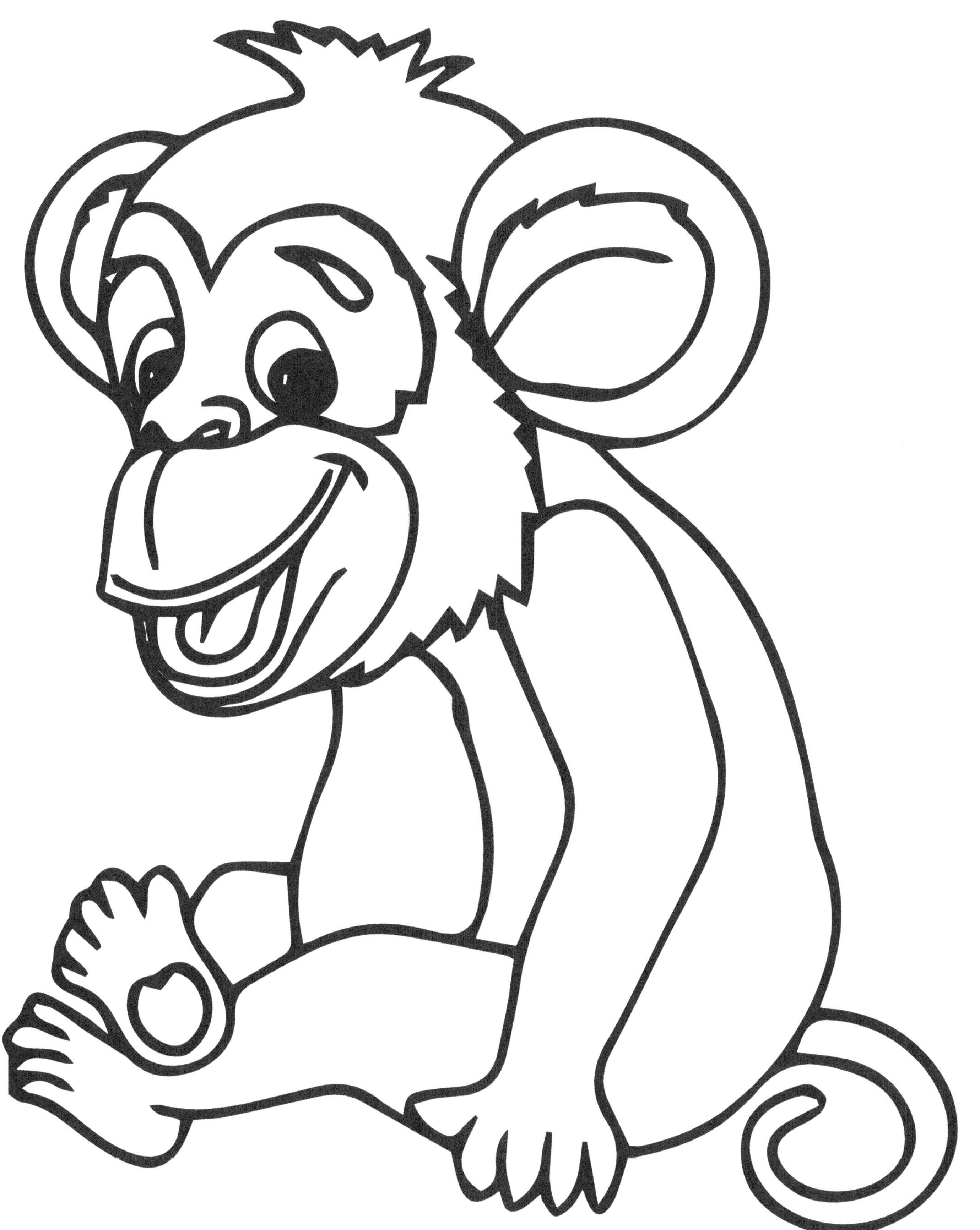

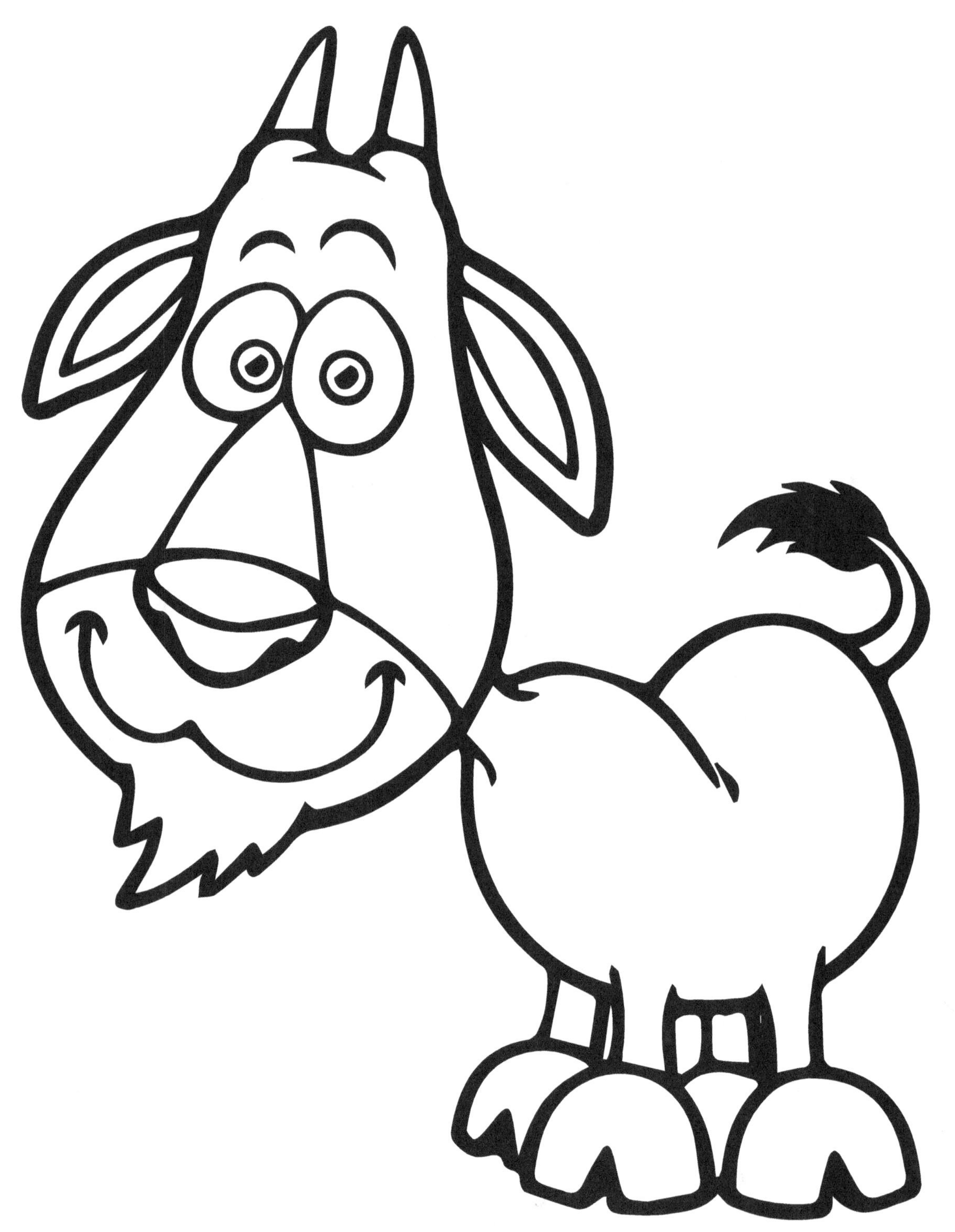

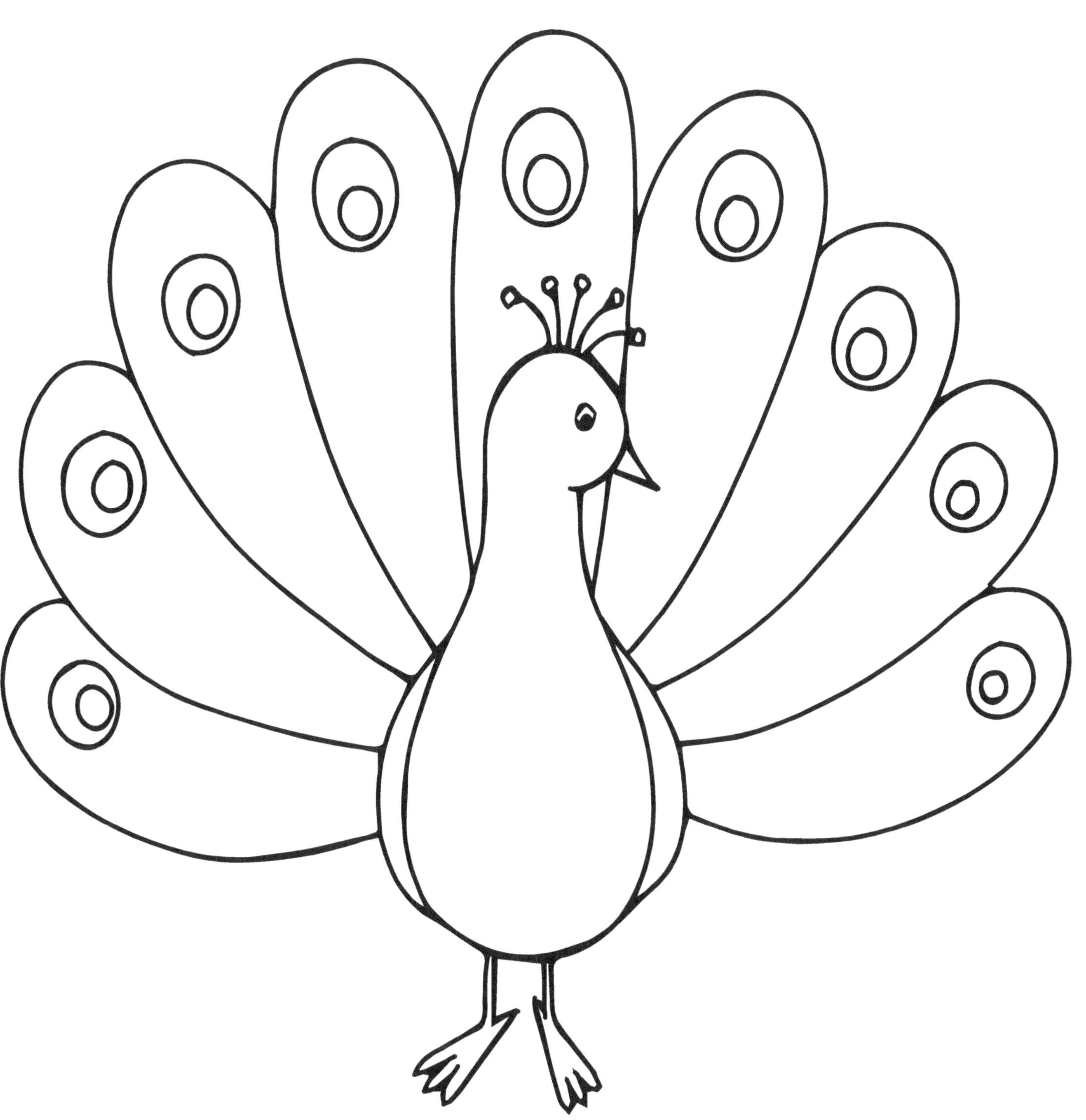

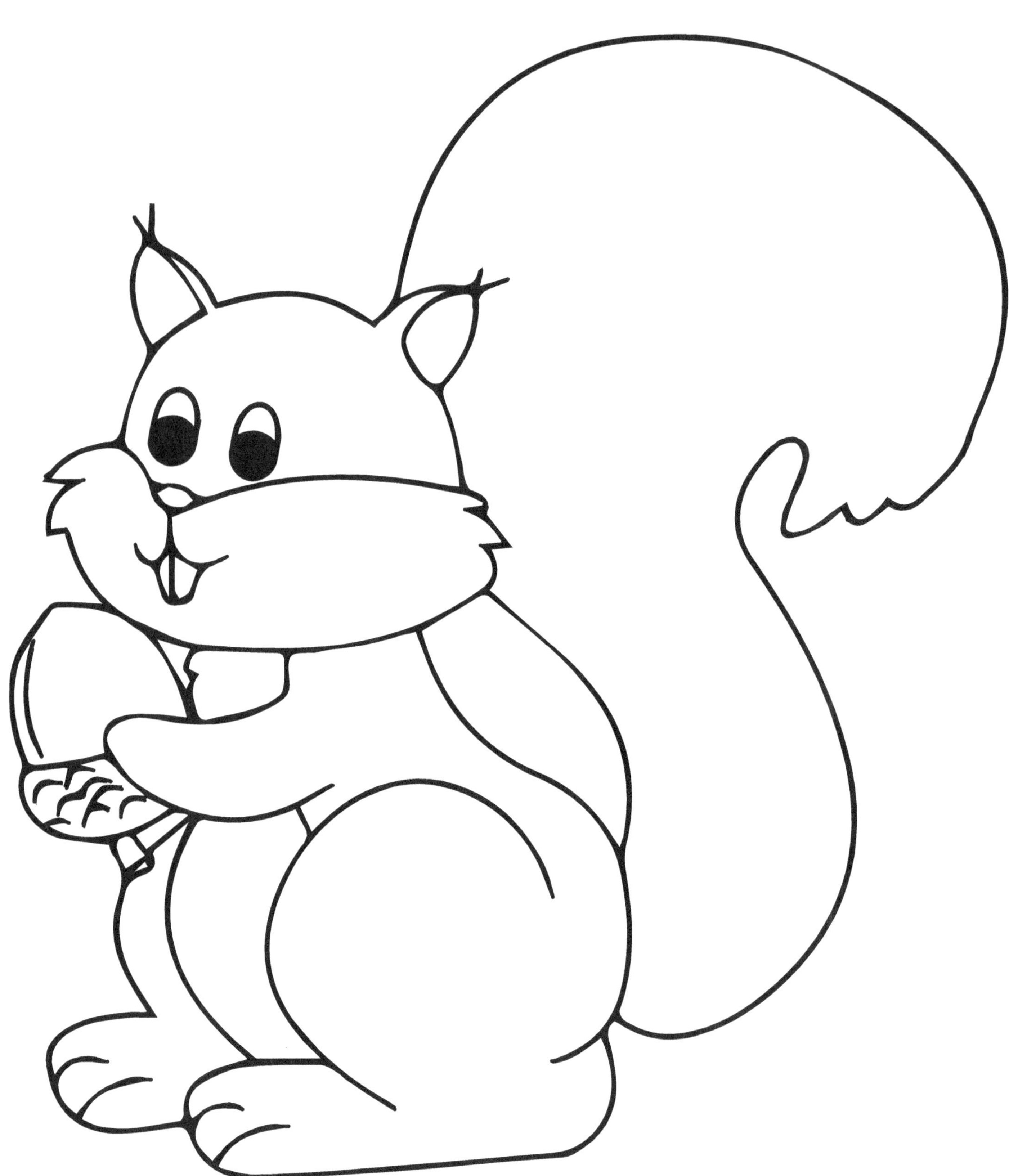

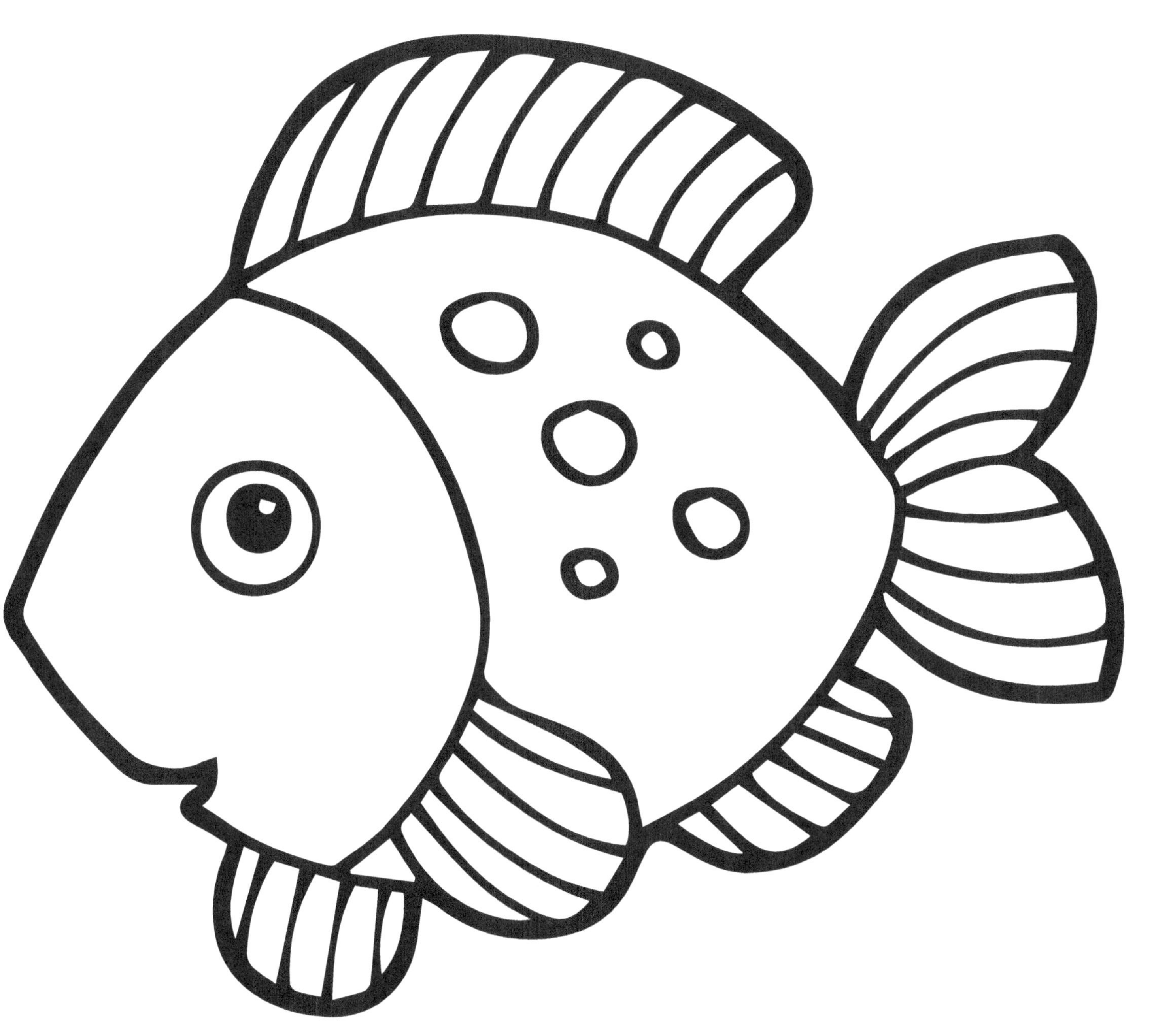

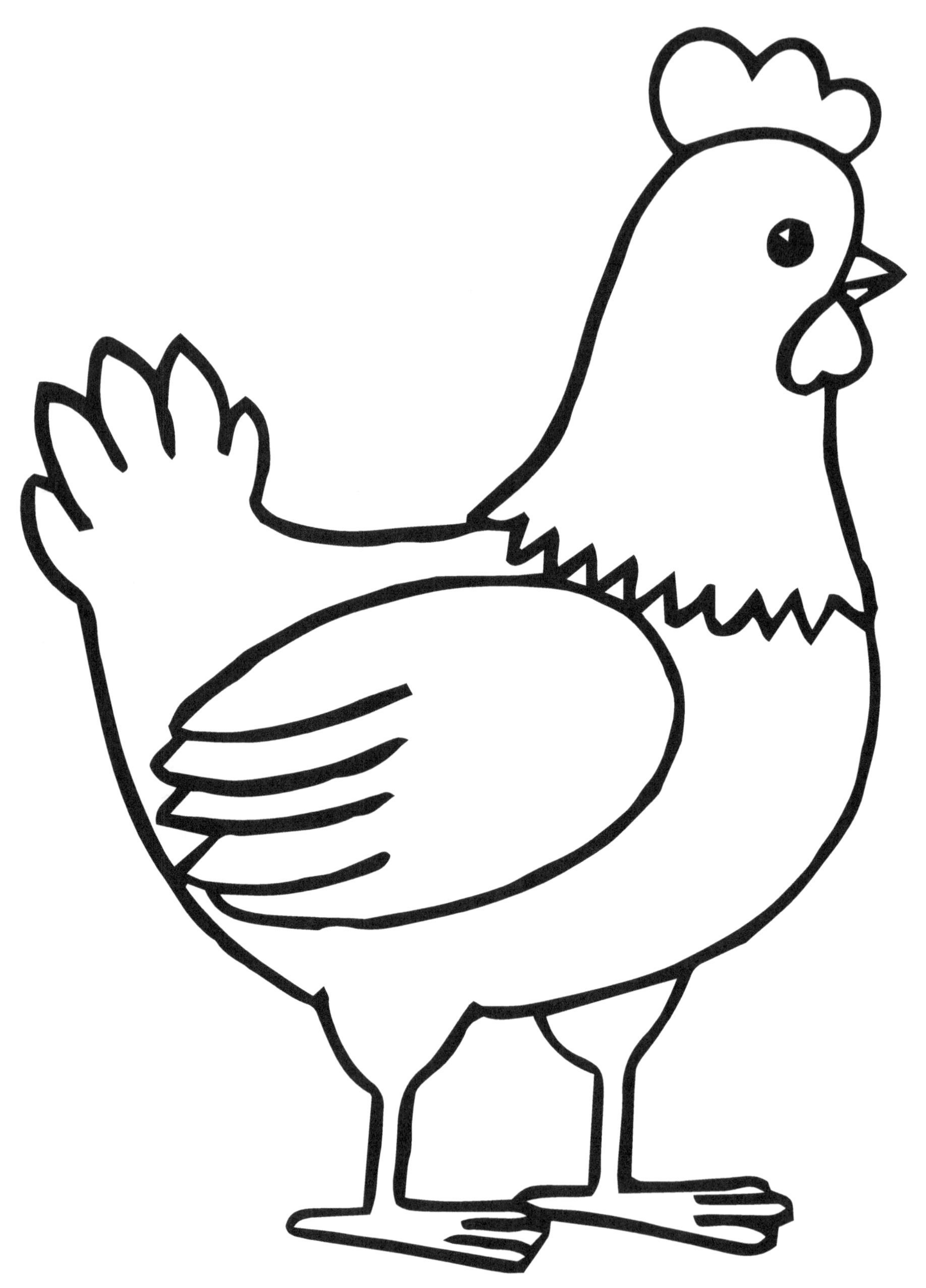

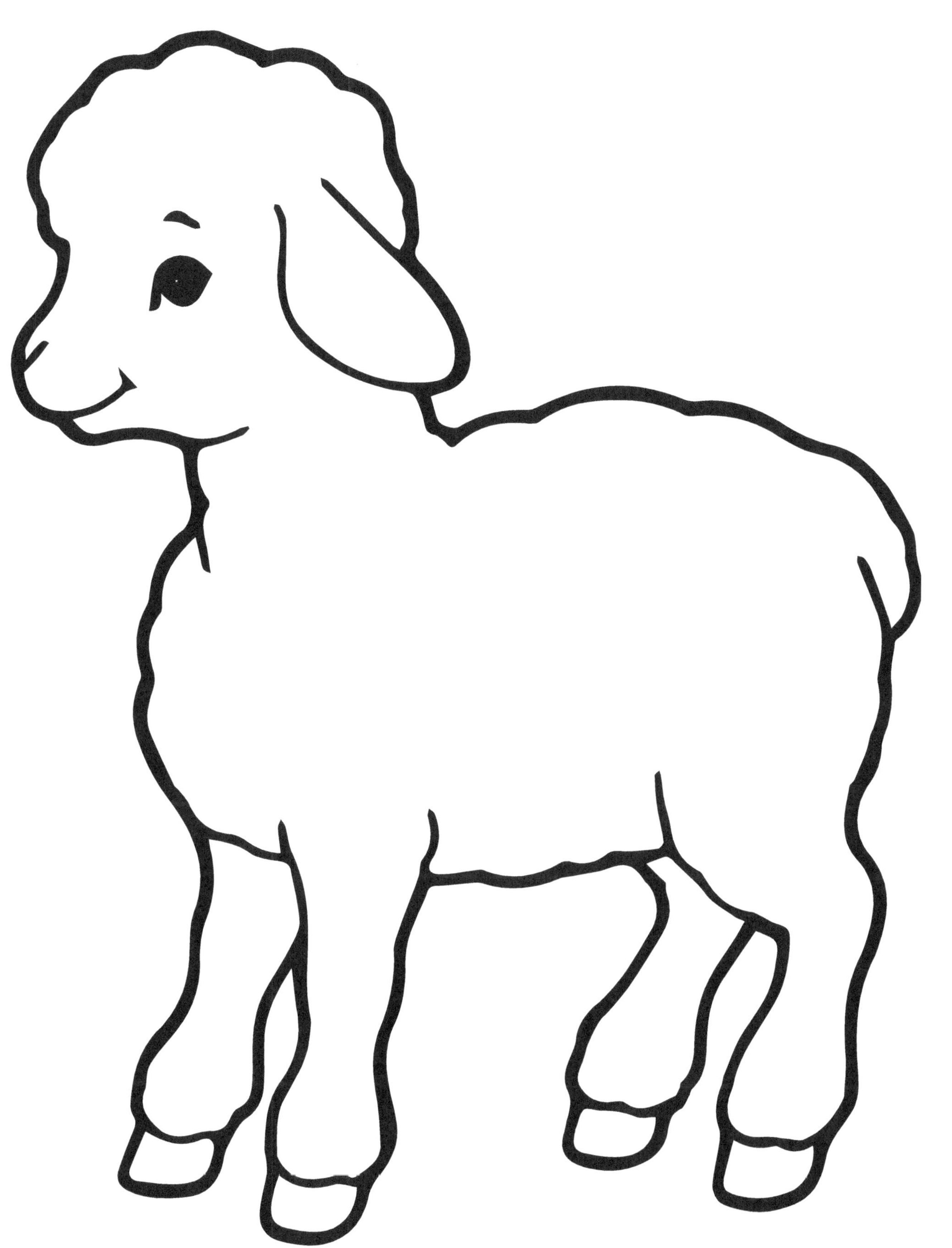

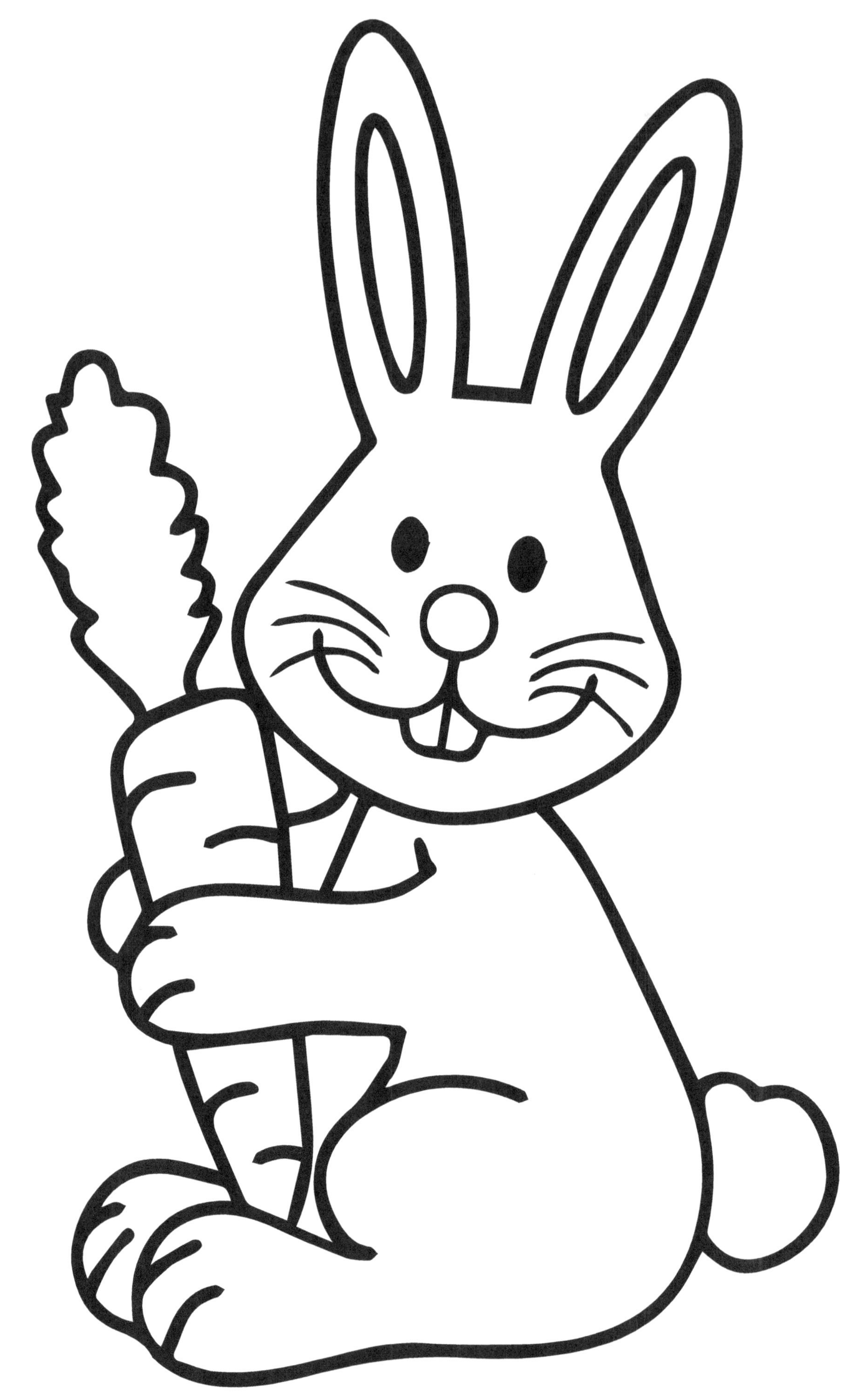

A PAGE FOR DRAWING

A PAGE FOR DRAWING

A PAGE FOR DRAWING

A PAGE FOR DRAWING